ATTAC

Les OGM en guerre contre la société

%
attac

ÉDITIONS MILLE ET UNE NUITS

Les Petits Libres
n° 60

Ce livre a été écrit conjointement par la commission OGM d'Attac France et la coordination régionale Vigilance OGM Poitou-Charentes.

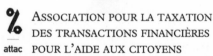

ASSOCIATION POUR LA TAXATION
DES TRANSACTIONS FINANCIÈRES
attac POUR L'AIDE AUX CITOYENS

Association pour la taxation des transactions financières pour l'aide aux citoyens (Attac), 66, rue Marceau, 93100 Montreuil-sous-Bois.
Tél. : 01 41 58 17 40. Fax : 01 43 63 84 62.
Courriel : attac@attac.org
Site web : www.france.attac.org

Illustration de couverture : Boris Séméniako.

© Mille et une nuits, département de la Librairie Arthème Fayard, août 2005
ISBN : 2-84205-926-3

SOMMAIRE

ATTAC

Les OGM en guerre contre la société

Avertissement

Ce livre ne prétend pas couvrir toutes les composantes de la problématique des organismes génétiquement modifiés (OGM), il traite seulement de la question des plantes transgéniques.

Devant la masse d'informations disponibles sur le sujet, nous avons choisi de mettre l'accent sur les arguments indispensables à connaître pour lutter contre la dissémination de ces plantes transgéniques en agriculture, *via* les cultures commerciales et les essais en plein champ. C'est là le danger le plus imminent et le plus irréversible.

Des questions comme celle de la thérapie génique, des animaux transgéniques ou des armes biologiques nécessiteraient plusieurs autres ouvrages.

« *La contamination génétique est inévitable. C'est l'œuvre de la nature.* »

DAVID BYRNE
commissaire européen

Danger imminent

Sur le front de ce que certains n'hésitent pas à nommer la «guerre des OGM», l'année 2004 aura permis d'observer des faits marquants très contradictoires. L'échec technologique et économique des plantes transgéniques s'est tout d'abord manifesté on ne peut plus clairement sur les terres mêmes de leur naissance, lorsque, en 2003, les agriculteurs canadiens et américains ont refusé la mise en culture du blé OGM de la firme Monsanto – alors qu'il y a environ huit ans, ces mêmes paysans se précipitaient sur le maïs, le colza, le soja et le coton génétiquement modifiés, alléchés par les rendements et les bénéfices avancés par les firmes agro-industrielles. Leur changement d'attitude marque un tournant dans le débat, à contresens de ce qui se produit de l'autre côté de l'Atlantique : l'Union européenne a en effet décidé en mai 2004 une levée partielle de son moratoire, en vigueur depuis 1999. Ce revirement reste bien le choix exclusif de la Commission, puisque 70 %

des Européens[1] (et 80 % des Français[2]) refusent toujours de consommer des OGM, tandis que de plus en plus de régions d'Europe se déclarent «zones sans OGM». C'est notamment le cas de la France, où un grand nombre de conseils régionaux, ainsi qu'un grand nombre de conseils généraux et municipaux, ont voté, depuis avril 2004, des délibérations hostiles à l'utilisation des OGM en milieu non confiné.

Aujourd'hui, alors que les agriculteurs nord-américains et les consommateurs européens sont acquis à ces idées, l'enjeu n'est donc plus de convaincre de l'inutilité et de la dangerosité des aliments transgéniques. Il s'agit désormais d'éviter que les cultures transgéniques et leurs produits nous soient imposés dans les mois qui viennent par la Commission européenne, contre l'avis des populations et des élus locaux.

Cet ouvrage ne se veut pas une accumulation d'arguments pour justifier l'arrêt immédiat des cultures transgéniques, ni un débat contradictoire opposant les éléments scientifiques, à charge et à décharge, dans ce dossier. Il nous semble cependant utile de rappeler ce qu'est (et ce que n'est pas) un organisme génétiquement modifié, et de dénoncer certaines contrevérités sur les bénéfices escomptés. Nous laisserons de côté les controverses sur certaines données entourées d'incerti-

---

1. http://europa.eu.int/comm/research/press/2001/pr0612en-re port.pdf
2. http://www.60millions-mag.com/page/bases.11_actualites. 14_ les_agriculteurs_juges_par_les_consommateurs./#sondage

tude pour mettre l'accent sur celles qui sont incontestables.

Au-delà du débat scientifique, deux arguments justifient à eux seuls de mettre fin à la culture des OGM en milieu ouvert.

Premièrement, les brevets qui sont déposés et protègent des constructions génétiques représentent une terrible menace pour l'agriculture. Pour comprendre les mécanismes de cette mise sous tutelle juridique, il suffit d'analyser les contrats liant les firmes qui commercialisent les semences OGM à leurs acheteurs. Et de laisser parler les multinationales, qui dévoilent elles-mêmes leurs intentions.

Deuxièmement, fait que personne ne viendra contredire, les assureurs sont unanimes à refuser de couvrir le risque d'une dissémination des OGM dans l'environnement. Là aussi, il faut lire les déclarations des intéressés : les préjudices que causeront les inévitables pollutions génétiques en cas de diffusion des plantes modifiées sont incalculables, et donc inassurables. Il est évident que le secteur privé des assurances ne couvrira ni l'agriculture transgénique ni l'agriculture non transgénique contre les contaminations. Le choix est donc clair : soit la société paie à la place de firmes comme Monsanto, Biogemma ou Aventis pour les dégâts qui pourraient être provoqués sur l'économie, la santé publique ou l'environnement (et les accidents ne manqueront pas de se produire) ; soit elle détermine des modalités contraignantes d'utilisation de ces semences qui signeront l'arrêt de mort, faute de rentabilité, des chimères génétiques.

Plus que jamais, il est urgent que des décisions politiques soient prises en la matière. Non seulement nous savons la Commission acquise à la cause des OGM mais encore capable des manœuvres les plus antidémocratiques. Et la nouvelle administration de George W. Bush a déclenché une violente offensive en faveur de l'exportation des biotechnologies, notamment *via* l'Organisation mondiale du commerce (OMC). Le risque est donc grand que, d'ici trois ans, la question d'une Europe avec ou sans OGM ne se pose plus.

À nous d'apporter entre-temps la bonne réponse.

1

Parodie de débat scientifique

> «Les biologistes moléculaires sont de bons
> mécaniciens, mais ils ne connaissent pas le moteur
> sur lequel ils travaillent.»
>
> Gilles Éric SÉRALINI
> (professeur de biologie moléculaire
> à l'université de Caen)

Si la biotechnologie est utilisée par les hommes depuis des millénaires – la fermentation naturelle du raisin en vin en est un exemple –, la biologie moléculaire repose, elle, sur des découvertes récentes. En 1944, les scientifiques comprennent que l'hérédité est transmise par une molécule géante, nommée acide désoxyribonucléique (ADN), stockée dans les chromosomes au sein du noyau de chaque cellule.

Assemblage de nucléotides (formés d'acide phosphorique, d'un sucre – le désoxyribose –, et d'une base organique azotée), au nombre de quatre : l'adénine, la guanine, la thymine et la cytosine, l'ADN code les mécanismes de synthèse. Une section d'ADN codant, c'est-à-dire permettant la fabrication d'une protéine, est appelée un gène.

À la fin des années 1960, les premières techniques de découpage, de recollage et de reproduction de l'ADN, puis de gènes isolés, sont mises au point, grâce à la maîtrise du rôle des enzymes. Cette avancée ouvre immédiatement la voie aux premiers organismes génétiquement manipulés (OGM). Et, dès 1972, l'équipe de Paul Berg obtient un organisme combinant des gènes bactériens associés à un virus de singe. Ces manipulations suscitent enthousiasme et inquiétude de par l'étendue des possibilités qu'elles annoncent : la Seconde Guerre mondiale est encore suffisamment proche pour que les cauchemars d'un retour de l'eugénisme et de la «purification» des «races» soient présents dans tous les esprits. Mais si les scientifiques tentent rapidement de définir des règles éthiques – certains demandent déjà un moratoire –, l'industrie n'a pas tardé à s'intéresser aux applications qui pourraient venir de la recherche en biologie moléculaire. En 1983, grâce à l'investissement financier de grandes firmes, la première plante transgénique voit le jour : il s'agit d'un plant de tabac. Suivront les premières souris transgéniques, vendues par DuPont pour servir aux tests en laboratoire, et, en 1994, les premiers OGM destinés à l'alimentation : courges, tomates, maïs, soja, colza…

En moins de quarante ans, on est donc passé de la découverte d'un processus fondamental de la reproduction du vivant à son exploitation à grande échelle dans des produits destinés à la consommation courante. Dès l'apparition de ces biotechniques, l'industrie a pris de fortes positions. Les plus rapides ont bien sûr été les plus puissants : les cigarettiers, les industries pharmaceutique et agroalimentaire. Dans ce dernier secteur, l'«amélioration» des produits de consommation constitue un des principaux objectifs de son développement.

Vers des chimères génétiques

Traditionnellement, pour «améliorer» des semences, la méthode la plus largement employée était, et reste, l'hybridation. On croise des lignées de végétaux dont on souhaite associer les qualités. Les chercheurs créent un échange de matériel génétique par voie sexuée : les chromosomes se transmettent de façon certaine et s'associent avec une grande précision, selon des lois rigoureuses et parfaitement connues. Avec la transgénèse, il en va tout autrement : les interventions pratiquées par les chercheurs sur le génome sont nombreuses et fortement aléatoires – sans possibilité de connaître par avance les probabilités de réussite et les effets produits. Pour produire un OGM par transgénèse, on peut distinguer quatre grandes étapes (voir le schéma page suivante) :

Étape 1. On isole le gène à transférer, nommé transgène ou gène d'intérêt, en le tronquant au besoin, avant de le reproduire en grande série au sein d'une bactérie. On le modifie aussi au moyen d'enzymes pour favoriser son expression.

Étape 2. On ajoute au gène d'intérêt un promoteur, sorte d'«interrupteur» qui permet au transgène de

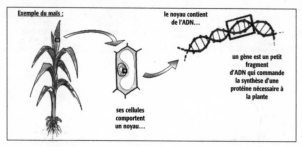

Pour produire un OGM, on choisit dans un autre organisme (ici, une bactérie) un gène qui présente une propriété intéressante.

s'exprimer, ainsi que des traceurs, ou gènes marqueurs, afin de pouvoir vérifier par la suite que l'insertion du transgène a bien réussi.

Étape 3. On insère le transgène dans l'organisme récepteur, le plus souvent grâce à des microbilles métalliques porteuses du gène d'intérêt qui sont bombardées sur la cellule (technique de la *biolistique*), ou bien par infection de la cellule cible à l'aide d'une bactérie – *Agrobacterium tumefaciens* – contenant le transgène (technique de la *transfection*).

Étape 4. On cultive les cellules transformées, on identifie les rares transferts réussis grâce au gène marqueur – le taux de réussite moyen est d'environ un pour mille –, et on les reproduit à grande échelle.

Ces techniques sont donc utilisées par la recherche et l'industrie pour créer et développer les OGM dits de première génération, qui sont aujourd'hui commercialisés.

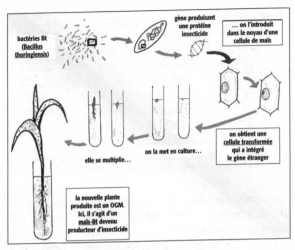

bactéries Bt
(Bacilus
thuringiensis)

gène produisant
une protéine
insecticide

… on l'introduit
dans le noyau d'une
cellule de maïs

on obtient une
cellule transformée
qui a intégré
le gène étranger

on la met en culture…

elle se multiplie…

la nouvelle plante
produite est un OGM.
Ici, il s'agit d'un
maïs-Bt devenu
producteur d'insecticide

Technique d'obtention des PGM.

Ces méthodes de transgénèse permettent de franchir la barrière des espèces, contrairement à celles de l'hybridation. Ainsi a-t-on assisté à la naissance de fraises résistant particulièrement bien au froid[3] grâce à l'insertion dans leur patrimoine génétique d'un gène de poisson. Contrairement à ce qu'affirment les pro-OGM, ces techniques n'ont rien à voir ni avec l'hybridation ni avec les phénomènes naturels de transfert de gènes. Comme le site d'insertion du transgène dans le génome de la cellule cible n'est absolument pas maîtrisé

_____

3. Lire Arnaud Apoteker, *Du poisson dans les fraises*, La Découverte, Paris, 1999.

dans la production industrielle d'un OGM, il n'existe aucune garantie que la manipulation ne va pas provoquer l'interruption d'un gène essentiel au développement de la plante ou, au contraire, que le gène d'intérêt ne va pas se placer à un endroit où son expression sera bloquée, ou qu'elle ne va pas induire une mutation génétique susceptible de produire des substances inattendues, éventuellement nocives.

Pour désigner les constructions génétiques issues de transgénèse, l'abréviation OGM est en fait un terme impropre. Une brève analyse sémantique se révèle instructive. Le terme scientifique approprié est celui de *chimère génétique*, qui définit l'organisme obtenu comme étant la combinaison, inexistante à l'état naturel, de deux organismes vivants. Mais, bien évidemment, cette notion de «chimère génétique» n'est guère séduisante pour le grand public. Aussi est rapidement apparue la fameuse abréviation OGM, qui signifiait à l'origine organisme génétiquement manipulé, mais qui a bien vite évolué en organisme génétiquement modifié, plus lisse et moins propice à la suspicion. À présent, les firmes tentent de populariser le terme OGA, pour organisme génétiquement amélioré. La terminologie veut nous faire croire que la recherche fondamentale progresse plus vite qu'elle ne le fait, ce qui bien sûr nous éloigne de toute rigueur scientifique.

Afin d'éviter les pièges d'un amalgame volontairement organisé, essayons de clarifier la signification de quelques termes. Nous pouvons considérer que la transgénèse, technologie utilisée pour créer des chimères génétiques, est un simple procédé à la disposition de la recherche fondamentale et de la science appliquée. Suivant cette définition, la transgénèse n'est alors pas condamnable en soi.

Les OGM, puisqu'il faut bien retenir un terme accepté par tous, peuvent être tenus pour le résultat de l'usage de la transgénèse par la société. Ce qui revient à considérer les OGM comme la transgénèse mise en œuvre dans un contexte précis, celui du néolibéralisme dominant. Le terme OGM renvoie alors aussi aux brevets sur le vivant, à leur domaine d'utilisation actuel (de l'agriculture intensive à la thérapie génique), ou encore aux méthodes employées pour les évaluer.

Ainsi défini, ce terme conduit à poser, légitimement, la question : «Pour ou contre les OGM?», en évitant soigneusement l'écueil philosophique que serait la question «pour ou contre la transgénèse?» renvoyant au débat classique : la nature est-elle bonne? l'artificialité mauvaise? quelle place de l'homme dans la nature, quelles interventions de sa main sur elle?, etc.

Toutes les applications des OGM ne doivent pas être mises sur le même plan. Les OGM unicellulaires, utilisés en fermenteur, permettent de fabriquer vaccins et molécules à usage médical; ils ne posent pas les mêmes questions que les OGM de grande culture. Cependant, cette définition permet de ne pas séparer l'évolution techno-scientifique de l'application qui en est faite par l'industrie, qu'elle soit pharmaceutique ou agrochimique, et des enjeux financiers qui y sont attachés. Enfin, le principal clivage concerne actuellement le développement des plantes transgéniques dans l'agriculture et leur utilisation en milieu ouvert. Tel est le sujet de ce livre. D'ailleurs, nous devrions parler en toute logique de plantes génétiquement modifiées (PGM) *disséminées*, par opposition aux OGM *captifs*, c'est-à-dire utilisés en milieu strictement confiné.

Il est important de ne pas oublier ces notions et leur contenu afin d'éviter les approximations, même si, pour faciliter la compréhension, nous utiliserons le plus souvent le terme générique OGM.

D'abord les intérêts des multinationales

Si nous admettons ces définitions, il apparaît que l'analyse des OGM doit être faite en fonction de leurs applications actuelles, et non en fonction de promesses plus ou moins fantaisistes. Or il se trouve que, depuis des années, et encore en 2004, la quasi-totalité des plantes transgéniques cultivées dans le monde en vue de leur commercialisation sont des plantes dites à pesticides, censées résister aux deux principaux fléaux des grandes monocultures : les «mauvaises herbes» et les insectes ravageurs. Elles se partagent en deux catégories : les OGM tolérants aux herbicides (73 % des surfaces cultivées, soit près de 50 millions d'hectares[4] dans le monde) et les OGM à insecticides (18 % des surfaces, soit 12 millions d'hectares dans le monde).

---

4. Données 2003. Source : International Service for the Acquisition of Agri-biotech Applications (ISAAA) : http://www.isaaa.org/kc/

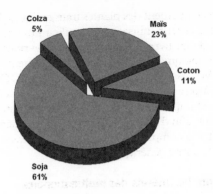

Répartition des OGM végétaux en 2003, en %.

La tolérance des herbicides permet à la plante génétiquement modifiée de ne pas être détruite par les pulvérisations de désherbants totaux, tel le Round-Up de Monsanto. Ainsi, la firme américaine a développé des maïs, soja et colza «Round-Up Ready», dits «RR», supportant sans problème l'épandage d'herbicides au cours de leur croissance.

Les plantes insecticides, quant à elles, sont modifiées pour sécréter en permanence une substance éliminant leurs prédateurs. C'est le principe du fameux «maïs Bt» : le gène d'intérêt, prélevé sur une bactérie (*Bacillus Thuringiensis*), lui est ajouté pour lutter contre la pyrale, chenille foreuse qui peut détruire jusqu'à un cinquième des champs de maïs dans un système intensif.

En 2004, 9 % des OGM cultivés (soit 5,6 millions d'hectares) combinent les deux caractéristiques précé-

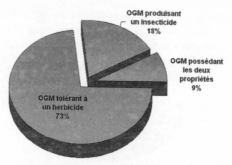

Applications des PGM en 2003.

dentes. Les autres applications actuelles restent marginales : lutte contre les champignons et moisissures (les OGM «fongicides» représentent moins de 0,15% des surfaces) et adaptations des plantes aux conditions climatiques extrêmes.

Quatre plantes représentent à elles seules la quasi-totalité des OGM cultivés – le colza, le soja, le maïs et le coton – et 80% de la production OGM à ce jour sont destinés à l'alimentation animale[5]. Cette réalité dément les promesses affichées d'une amélioration des caractéristiques des plantes bénéfique non seulement pour l'agriculteur, mais aussi pour le consommateur, et elle met en pièces la fable d'une production permettant de résoudre à terme la famine dans les pays sous-dévelop-

---

5. Pierre Feuilloley, *in Cahiers d'études et de recherches francophones*, «Agricultures», vol. 13, n° 5, septembre-octobre 2004.

pés. Nous constatons au contraire que les plantes transgéniques cultivées se situent dans une perspective d'industrialisation et de spécialisation de l'agriculture, qui oriente la consommation humaine vers une alimentation essentiellement carnée, issue des élevages hors-sol. Structurer dans ce sens la filière agricole sert avant tout les intérêts des multinationales de l'agroalimentaire et de la distribution, au détriment de la souveraineté alimentaire des peuples.

Le refus de l'évaluation

Pour le reste, le débat scientifique sur les OGM est à l'heure actuelle totalement faussé. Comment, en effet, parler sérieusement de l'innocuité ou de la nocivité sur la santé humaine de plantes qui n'ont pas été évaluées ? Car leur commercialisation n'est rentable pour les producteurs que s'ils réalisent l'économie de leur longue évaluation ; ce qu'ils s'emploient et réussissent à obtenir grâce à un puissant lobbying. Prenons à titre d'exemple l'évaluation des maïs Bt176 et Bt11 de Novartis. Pour leur homologation, les effets de l'ingestion de ces deux plantes ont été étudiés pendant deux semaines sur quatre vaches, avec pour seules mesures le poids et les quantités de pesticides dans le lait. Les vaches mortes en cours de route ont été tout bonnement sorties de l'étude et remplacées[6].

---

6. Gilles-Éric Séralini, *OGM, le vrai débat*, Flammarion, Paris, 2000.

On peut également rappeler la célèbre affaire Pustzaï, qui montre tout le sérieux accordé à l'évaluation des OGM. Arpad Pustzaï est un éminent chercheur anglais, spécialiste de la biologie moléculaire – et des protéines insecticides en particulier –, dont la crédibilité s'appuie sur quarante ans de travaux et deux-cent soixante-quinze publications scientifiques. En 1998, le professeur Pustzaï a été choisi parmi vingt-huit chercheurs de renom par les autorités britanniques pour conduire, au sein de l'institut Rowett, une étude visant à démontrer l'innocuité des plantes transgéniques. Le budget alloué était de seize millions de francs.

Arpad Pustzaï commence alors à nourrir une population de rats avec des pommes de terre génétiquement modifiées, et compare leur évolution avec celle d'une population nourrie aux pommes de terre non modifiées. Son expérience est rigoureuse : même race de rats, même âge, mêmes rations alimentaires, même environnement. Après une semaine, le professeur Pustzaï constate, chez les rats nourris aux OGM, une baisse sensible des défenses immunitaires, des retards de développement de certains organes (foie, rate) et des lésions cérébrales ! Devant de tels résultats, il demande et obtient l'autorisation d'alerter l'opinion publique et la communauté scientifique. Mais brusquement, deux jours après la première conférence de presse, Pustzaï est limogé, perd ses budgets de recherche, et est mis au ban de la communauté scientifique. L'intégralité du matériel de laboratoire, ses notes, les disques durs d'ordinateurs sont saisis, et l'étude démarrée est définitivement stoppée.

Bien sûr, ce sont moins les premiers résultats de ce travail qui sont à retenir que la méthode employée pour se débarrasser de toute évaluation potentiellement gênante. À ceux qui seraient tentés de croire que les choses se sont améliorées depuis lors, et que ces histoires appartiennent au passé, nous recommandons la lecture d'un article du 17 novembre 2004 publié dans la revue *Biotechnology and Genetic Engeneering Reviews*. Le texte intitulé «Analyse de la sécurité et régulation des aliments génétiquement modifiés» fait une analyse détaillée de deux types de maïs transgéniques capables de synthétiser un insecticide dont l'un est le MON810 du géant Monsanto, inscrite au catalogue officiel des semences en France, et donc cultivable par n'importe quel agriculteur. Il montre de quelle façon des tests imprécis et une régulation inadaptée ont permis l'entrée de ces produits sur le marché, malgré la présence possible d'allergènes. La publication scientifique pointe les lacunes flagrantes des contrôles effectués par l'industrie biotechnologique, ainsi que les manquements dans la régulation des organismes génétiquement modifiés par le gouvernement des États-Unis. Selon son auteur, David Schubert, «il est étonnant de constater que les instances régulatrices se basent presque exclusivement sur des informations fournies par les industriels de la biotechnologie, et que ces données ne sont publiées dans aucun journal scientifique ni ne sont soumises à l'expertise de scientifiques».

En France, alors que le ministère de l'Agriculture autorise tous les ans des «essais en plein champ» de plantes transgéniques, censés servir la recherche, des échantillons de sang de bovins nourris aux OGM ont dormi pendant près de six ans dans des congélateurs, faute de trouver 70 000 euros pour terminer une étude sur d'éventuelles modifications de leur ADN[7]. Ce programme de recherche, mené par la Chambre départementale d'agriculture du Maine-et-Loire et l'Institut national de recherche agronomique (INRA), a débuté en 1998 pour évaluer l'impact des aliments transgéniques sur le bétail, avant d'être gelé jusqu'en 2004. À présent que le programme est relancé, grâce à la pression des militants, les résultats sont attendus pour le courant de l'année 2005. À croire que l'on préfère ne pas chercher, pour éviter de trouver, sauf lorsque la voix des opposants est trop forte, comme ce fut le cas ici.

Plusieurs points essentiels restent donc sans réponse, faute de recherches sérieuses sur les conséquences de la transgénèse. L'utilisation comme marqueur dans les OGM de première génération (ceux actuellement cultivés sur des millions d'hectares) d'un gène de résistance à un antibiotique risque-t-elle d'augmenter l'inefficacité des antibiotiques en médecine humaine? Les OGM ont-ils des effets allergisants particuliers, qui ne seraient pas décelés avant commercialisation en l'absence du moindre test cutané?

---

7. «L'ADN de bovins nourris au maïs transgénique étudié», *Ouest-France*, 24 novembre 2004.

En revanche, la question des effets mutagènes de la transgénèse semble être à présent résolue. Une récente étude de l'Institute of Science in Society (ISIS), association de scientifiques indépendants en Grande-Bretagne, a mis en évidence que toutes les variétés de plantes transgéniques commercialisées à ce jour présentaient des recombinaisons génétiques inattendues, suite à l'insertion du transgène[8]. Selon le docteur Mae-Wan Ho, qui a animé pendant des années des comités scientifiques dans le but de conseiller divers gouvernements sur la question des OGM, «le transgène inséré dans toutes les plantes génétiquement modifiées cultivées actuellement à une échelle commerciale, a subi un réarrangement génétique».

L'absence de recherche toxicologique sur les aliments transgéniques nous empêche toujours de savoir quels sont les impacts de telles recombinaisons sur la santé des animaux ou des humains qui les consomment, directement ou indirectement.

Dans ce contexte, le débat prétendument scientifique sur l'innocuité ou les dangers des OGM relève tout simplement de l'hypocrisie. Mais il est vrai que ces discussions stériles, faute d'éléments plus fiables, ont l'avantage de détourner notre attention de sujets moins controversés, et se révèlent bien plus accablants pour les défenseurs d'une agriculture transgénique.

---

8. Voir le document à l'adresse http://www.i-sis.org.uk/TLPU. php

2

Fausses promesses en cascade

Il y a encore quelques années, les multinationales tentaient de justifier le développement des OGM arguant de leurs bienfaits supposés pour l'environnement, en particulier grâce à une moindre utilisation de pesticides. Mais, au fil des études scientifiques et surtout au fil des années de mise en culture en Amérique du Nord, les dangers des OGM pour le milieu environnant sont apparus de plus en plus clairement. Pour comprendre ces mécanismes, imaginons une plante transgénique de grande culture, à la fois tolérante à un herbicide et produisant un insecticide.

On observe alors plusieurs phénomènes.

1. *Transfert de tolérance aux adventices*
Cultivées en milieu ouvert, les plantes génétiquement modifiées peuvent féconder dans le champ des mauvaises herbes (adventices) de même famille. Dans ce cas, les gènes provenant de la plante OGM donnent à l'hybride qui en résulte son caractère de tolérance à

Comment l'environnement est affecté.

l'herbicide. L'adventice peut aussi muter et s'habituer au désherbant. Dans les deux cas, la mauvaise herbe devient donc tolérante à l'herbicide censé la détruire !

Aux États-Unis, plusieurs régions ont été récemment envahies par une adventice tolérante, la pesse, qui supporte six fois la dose habituelle de Round-Up sans en être affectée.

2. Mutation des prédateurs

L'insecte que la plante est censée détruire peut muter et devenir ainsi résistant à l'insecticide produit par l'OGM. L'étude de scientifiques de l'Independent Science Panel (ISP) publiée en Grande-Bretagne en

2003[9] montre avec quelle rapidité apparaissent les pyrales résistantes à l'insecticide Bt près des champs de maïs OGM. Pour les combattre, il ne reste pas d'autre solution que de réutiliser des pulvérisations chimiques.

3. Modification des micro-organismes du sol

Près des racines de la plante transgénique, les bactéries du sol se trouvent modifiées. Elles peuvent acquérir les transgènes et les disséminer. Les conséquences de ces phénomènes sont très mal connues et très peu étudiées à ce jour.

4. Pollution de l'eau due à l'augmentation des doses d'herbicides utilisées

Après quelques années d'utilisation d'OGM tolérants à un herbicide, on observe une augmentation des doses de produits épandus en raison du transfert de tolérance aux adventices. Ces produits, dont la toxicité est de plus en plus évidente, sont entraînés vers les eaux souterraines et polluent les nappes phréatiques.

L'étude du docteur Charles M. Benbrook réalisée sur les données du ministère de l'Agriculture des États-Unis prises entre 1996 et 2003[10] montre que, si les agriculteurs américains conventionnels utilisent de moins en moins de produits phytosanitaires grâce à une amélioration de leurs pratiques, seuls les cultivateurs

---

9. Voir à l'adresse : http://www.indsp.org/
10. Charles M. Benbrook, «*Impacts of Genetically Engineered Crops on Pesticide Use in the US : the First Eight Years*», novembre 2003, à l'adresse : www.biotech-info.net/Technical_Paper_6.pdf

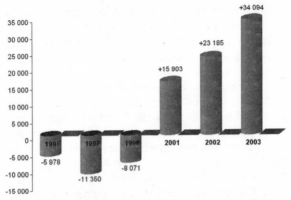

Évolution des quantités de pesticides utilisées sur les cultures d'OGM
aux États-Unis, en comparaison avec les cultures conventionnelles
(en milliers de livres sterling). *Source* : C. M. Benbrook.

d'OGM augmentent leur consommation ! Les quantités supplémentaires imputables aux OGM seraient de
23 000 tonnes, insecticides et herbicides cumulés. Le
transfert de tolérance au glyphosate vers les adventices
serait responsable d'une augmentation de l'épandage
d'herbicides de 22 % à surface égale.

En fait, les OGM interagissent avec l'environnement
tout comme la majorité des traitements chimiques.
Dans un premier temps, ils «fonctionnent» : on observe,
par exemple, une diminution des quantités d'herbicides
épandus les premières années sur les champs «Roundup
Ready», mais ces effets sont de courte durée. Au bout
de trois à quatre ans, la tendance s'inverse ; la quantité
de produits utilisée croît de façon exponentielle. Les

transferts de gènes et les mutations génétiques constatés qui sont à l'origine de cette résistance devraient au minimum soulever quelques inquiétudes.

Les vecteurs de la contamination

Les transgènes des plantes modifiées peuvent être disséminés dans le milieu de trois façons :

– *par le pollen*, émis par les fleurs des plantes transformées, qui peut féconder des plantes voisines et leur transmettre les nouveaux gènes ;

– *par les bactéries du sol*. Après récolte d'une plante OGM, une partie de l'ADN non dégradé des transgènes peut subsister dans le sol pendant plusieurs mois, et risque de s'incorporer au génome des bactéries ;

– *par les graines* de plantes OGM, qui tombent au sol ou sont transportées (par le vent, les animaux et l'homme) et peuvent germer plus ou moins loin du champ d'origine, propageant ainsi le transgène. Pour le colza, on estime à 10 % la quantité de graines perdues lors d'une récolte. Elles tombent dans les champs, le long des routes et des voies ferrées, formant des «repousses» pendant plusieurs années.

Suivant le type de plante, les vecteurs de contamination privilégiés ne sont pas les mêmes. Le vent intervient pour le maïs, le colza et la betterave. Les insectes, notamment les abeilles, participent à la dissémination pour le colza, le soja et le coton[11].

---

11. P. Pesson et J. Louveaux, *Pollinisation et productions végétales*, éditions INRA, 1984.

Or, on admet que les abeilles butinent couramment dans un rayon de deux à trois kilomètres si les fleurs sont abondantes, et parcourent jusqu'à six kilomètres si ce n'est pas le cas. On sait également qu'un pollen de maïs possède une durée de fécondation optimale d'une à deux heures, même si cette dernière décroît avec la distance parcourue. Il n'est donc pas étonnant que, au Canada, des centaines d'agriculteurs aient été contaminés par des pollens transgéniques, au plus fort du développement des cultures OGM dans ce pays[12].

Impossible coexistence

Un rapport du Centre commun de recherche de la Commission européenne de 2002 nous donne une idée des surcoûts, donc des pertes économiques, que devront supporter les agriculteurs biologiques pour se prémunir de toute contamination de leurs cultures par des OGM[13]. Ses auteurs notent que «l'estimation des coûts résultant de la nécessité de réduire la présence fortuite de plantes OGM dans les cultures non OGM est basée sur l'imputation de tous les coûts à la production non OGM». Une position qui reflète bien la situation actuelle : puisque aucune obligation n'est faite aux sociétés ou aux agriculteurs qui implantent des OGM

---

12. Au Canada, 950 paysans bio de la province du Saskatchewan ont perdu leur label.
13. E.C. Joint Research Centre, «*Scenarios for co-existence of genetically modified, conventional and organic crops in European agriculture*», mai 2002.

de prendre des mesures évitant la contamination, ce sera aux agriculteurs non OGM de payer pour se protéger.

L'étude formule des hypothèses à partir de trois seuils de contamination : soit 1 % de la production pour le maïs et la pomme de terre ; 0,3 % pour la production de semences ; et 0,1 % pour le colza, le maïs et la pomme de terre – ce dernier seuil marquant la limite de quantification des méthodes courantes d'analyse et imite les conditions du «zéro OGM». Rappelons qu'en Europe un producteur qui veut conserver une mention «sans OGM» doit garantir un seuil de présence fortuite de 0,9 % au maximum en agriculture conventionnelle. Ce seuil est de 0,1 % – seuil de détection – en agriculture biologique. Le rapport conclut qu'un seuil de 1 % peut être atteint pour le maïs et la pomme de terre en changeant les pratiques agricoles, ce qui impliquerait un coût additionnel (incorporant système de surveillance et assurance) de 1 à 9 % par rapport au prix habituel. Pour la production de semences, où le seuil est fixé à 0,3 %, le coût additionnel augmenterait de 10 à 41 %. Quant au seuil de le 0,1 %, il serait tout bonnement impossible à atteindre, donc écarté des simulations de surcoût.

L'étude fait par ailleurs une place à des coûts indicatifs d'assurance qui ont été calculés sur une base de pertes à court terme et sur différents taux d'échecs. Ces assurances pourraient représenter jusqu'à 16 % des coûts additionnels pour le colza, 29 % pour le maïs, et 70 % pour la pomme de terre.

À moyen et à long terme, il faudrait également prévoir des coûts supplémentaires pour la «gestion» des repousses OGM car les tests et contrôles susceptibles d'être effectués devraient être payés.

Pour les fermes biologiques qui auront été contaminées, regagner leur statut prendra du temps ; ce seront d'autres pertes de revenu, non calculées dans le rapport.

En France, des conclusions similaires ont été émises par la Commission du génie biomoléculaire (CGB) dans un avis du 2 juillet 2001. Suite à une affaire de contamination de lots de semences conventionnelles de maïs par des OGM à hauteur de 41 %, selon les échantillons analysés, elle indiquait : «La CGB considère que la présence d'OGM dans des semences ou récoltes conventionnelles est une réalité techniquement incontournable, tant que des OGM sont disséminés (soit en France au titre de la recherche, soit dans des pays du monde dans lesquels ils ont été utilisés sur des grandes surfaces [...] et qui entretiennent des flux commerciaux en matière des semences et de commodités agricoles avec la France) [14]. »

Accepter ou ne pas accepter les OGM ? À travers cette question se pose celle de savoir si nous sommes prêts à renoncer à toute autre forme d'agriculture, sans moyen de revenir en arrière. Car si, dans un premier temps, une double filière peut être mise en place, elle ne sera que provisoire, le temps que les contaminations

---

14. Voir : http://www.ogm.gouv.fr/experimentations/evaluation _scientifique/cgb/autres_avis/avis_020702.pdf

génétiques décident à notre place. Il s'agit d'une évidence biologique autant que économique.

Pas d'augmentation des rendements

La première illusion entretenue par l'industrie de l'agroalimentaire en matière de plantes génétiquement modifiées est celle d'une augmentation importante des rendements qui profiterait à l'agriculteur.

Dès le démarrage des cultures transgéniques, cette affirmation s'est révélée plus que douteuse. En 1996, on assiste aux États-Unis aux premières récoltes de coton Bt. Malgré l'assurance des techniciens, et à cause de la forte chaleur, les plantes ont sécrété moins de toxines que prévu. Les agriculteurs ont alors dû réutiliser les traitements chimiques traditionnels après que la moitié des 800 000 hectares ont été détruits[15].

En 1999, les fermiers de l'État de l'Andhra Pradesh, dans le sud de l'Inde, plantent une variété de «super coton» modifié. Mais une maladie jusqu'alors inconnue déferle sur la région, dévastant toutes les récoltes de coton transgénique[16]. La colère des paysans indiens fut à la mesure du préjudice subi.

Dans ces deux cas, la productivité accrue promise n'est pas au rendez-vous. Plus généralement, des études récentes font état d'une baisse moyenne de 6 % en productivité pour le soja «Round Up», qui représente environ la moitié des cultures d'OGM dans le monde. En

---

15. Jeremy Rifkin, *Le Siècle Biotech*, La Découverte, Paris, 1998.
16. «*A Foretaste of Food for Tomorrow*», *AsiaWeek*, 20 août 1999.

France, même le rapport 2001 du Commissariat général du Plan insiste sur ces résultats : « Les gains de rendement sont assez conjoncturels, même parfois négatifs, et ne se manifestent que si la situation de référence est fortement perturbée (attaque forte d'insectes, mauvais contrôle des mauvaises herbes) [17]. »

	Évolution du rendement en %	Supplément de coûts en % du revenu brut de l'exploitation
Illinois	0	2,3
Iowa	-9,1	11,4
Michigan	-10,3	12,2
Minnesota	-6,8	8,8
Nebraska	-9,0	11,4
Ohio	-6,0	8,0
South Dakota	-9,0	11,6
Winconsin	-3,4	5,2

Impact de l'adoption du soja Roundup Ready
aux États-Unis – *Données 1998 Oplinguer*

Alors que 65 % des agriculteurs américains avancent l'augmentation des rendements pour justifier leur passage au soja Roundup Ready, de tels résultats mériteraient d'être mieux diffusés.

Pourtant, ces chiffres ne devraient pas surprendre outre mesure : si l'on choisit de transférer dans ces plantes des propriétés insecticides, il ne faut pas oublier que le système d'expression des transgènes consomme

---

17. « OGM et agriculture : options pour l'action publique », Commissariat général du Plan, septembre 2001, rapport du groupe présidé par Bernard Chevassus-au-Louis.

une partie de la photosynthèse, et peut donc affecter la croissance de la plante. En milieu infesté, les gains sont donc visibles, sans être pour autant spectaculaires : +4 % d'augmentation sur le maïs Bt en cas de forte présence de pyrale. Mais, dans un environnement normal, cette surconsommation du gène d'intérêt induit une chute sensible de rendement et de revenus.

Malgré tout, les OGM sont bel et bien conçus dans une perspective d'intensification et de standardisation de l'agriculture. À titre d'exemple, citons l'un des avantages des plantes Roundup Ready communément admis par les agriculteurs d'Amérique du Nord : ne plus pulvériser qu'un seul et même produit sur différentes cultures (maïs, soja, colza). Il est alors possible d'effectuer le traitement en un seul passage par avion, sans manipulations complexes et sans nettoyage de cuves entre l'utilisation des différents produits.

Le mauvais prétexte de la lutte contre la faim

L'argumentation pseudo-humanitaire est utilisée par les semenciers pour faire la promotion des OGM, comme elle fut déjà utilisée à différentes étapes de l'industrialisation de l'agriculture. Il faudrait donc encore une fois augmenter la production pour nourrir une population croissante, en s'appuyant maintenant sur les biotechnologies. L'absence d'augmentation significative des rendements pour les cultures OGM suffit à démonter ce raisonnement. Mais il est aussi nécessaire de répéter que l'accès à l'alimentation est un problème politique. Le Brésil, par exemple, devrait avoir supprimé depuis longtemps la famine, puisqu'il est le quatrième producteur de denrées alimentaires au monde. Mais 25% de sa population souffre de malnutrition, car ces productions sont avant tout des cultures d'exportation et non des cultures vivrières. D'autre part, le coût des semences brevetées et des produits phytosanitaires est bien trop élevé pour la majorité des paysans dans le monde, qui sont vingt-huit millions seulement à posséder un tracteur, six cents millions à utiliser la traction animale, et un milliard à travailler la terre à la main.

En Inde, où vivent sept cents millions de paysans, une véritable révolte gronde contre Monsanto qui, en deux ans, a vu planter sur plusieurs centaines de milliers d'hectares son coton Bt. «Ces plantes dont on a honteusement vanté les mérites se révèlent désastreuses pour les paysans, qu'elles poussent un peu plus à la ruine», déclare Asfar Jafri, responsable d'une ONG. En 2004, plus de la moitié des plants Bt ont été infestés par les chenilles et les vers, en dépit des promesses de la multinationale, et de nombreuses graines, pourtant bien plus chères que les semences conventionnelles, ont refusé de germer. Les agriculteurs accusent Monsanto de mensonge et d'escroquerie : «J'en ai ras le bol de devoir sans cesse pulvériser pour rien. Tout l'argent qu'on gagne, on le dépense en produits. Les vendeurs nous disent que c'est de notre faute, parce qu'on n'en met pas assez. Ces salauds n'ont aucune idée des problèmes qu'on a avec les OGM. Si ça continue comme ça, ce ne sont pas les insectes, c'est nous qui allons cre-

ver», lance une cultivatrice aux journalistes de *L'Express*
au mois de décembre 2004[18].

Après les promesses non tenues d'une nouvelle
«révolution verte» qui profite essentiellement aux multinationales, les faits démontrent maintenant que l'industrialisation n'est pas une réponse pour l'agriculture des
pays en développement[19].

Les OGM, exclusivement adaptés à l'agriculture
intensive, ne seraient qu'un moyen supplémentaire de
pérenniser le transfert des richesses de ces pays vers les
grandes puissances économiques.

---

18. «Inde : révolution verte à refaire», *L'Express*, 20 décembre
2004. Voir http://www.lexpress.fr/info/monde/dossier/inde/dos-
sier.asp?ida=430958
19. À ce sujet, lire Pierre Rabhi, *Paroles de terre*, Albin Michel,
Paris, 1996, et Vandana Shiva, *Le Terrorisme alimentaire*,
Fayard, Paris, 2001.

3

Un seul impératif : la profitabilité

Il est une question que bien peu de personnes se posent, et qui est pourtant *la* question centrale du débat OGM : pourquoi les firmes de l'agrochimie, qui gagnaient très bien leur vie avant l'apparition des OGM, ont-elles investi autant d'argent dans cette technologie, bien que le risque financier ait été important ?

Partons tout d'abord de la réalité boursière, et de l'exemple de la multinationale Monsanto qui domine très largement le marché des OGM. Monsanto est cotée en Bourse et, comme bien d'autres entreprises, elle est soumise aux obligations de rendement financier réclamé par ses actionnaires : entre 10 et 15 % de retour sur investissement[20]. On pourrait aller jusqu'à dire que Monsanto n'a pas pour vocation première de fabriquer des semences ou des produits de traitement, mais de générer du profit, et que le moyen qu'elle utilise à cette

---

20. Lire, par exemple, Bernard Maris, *La Bourse ou la Vie*, Albin Michel, Paris, 2000.

fin est de vendre des semences et des produits de traitement. Ce créneau est plus que jamais porteur puisque, à lui seul, le marché des semences représente 30 millions de dollars par an, et devrait atteindre rapidement les 90 millions de dollars.

Si Monsanto et d'autres se sont orientés vers les OGM, c'est donc bien parce que cette technologie devait leur assurer de meilleurs rendements financiers que la commercialisation de semences conventionnelles. Pour comprendre ces enjeux, il faut revenir à une différence fondamentale entre une semence OGM et une semence hybride vendue par une firme : la protection juridique.

Un hybride mis au point en vue de sa commercialisation est le plus souvent protégé par un certificat d'obtention végétale (COV) défini par la convention de Paris de 1961. Le COV donne au créateur de la variété l'exclusivité de sa commercialisation. En revanche, cette variété obtenue peut être utilisée par toute autre personne comme base de création d'une nouvelle variété. Le droit de commercialiser est ainsi protégé, mais la connaissance reste publique. Avec les OGM, il en va tout autrement, puisque nous entrons dans le domaine des brevets.

Hold-up sur le vivant

La reconnaissance des brevets sur le vivant, qui s'étend chaque jour au niveau international, permet de protéger une construction génétique obtenue par transgénèse, comme s'il s'agissait d'une invention. Pour l'utilisateur des végétaux de grande culture brevetés, il en va comme pour l'utilisateur d'un logiciel informatique sous copyright lorsqu'il effectue la procédure d'installation sur son ordinateur : on lui demande d'accepter ou de refuser un contrat de licence. Ce contrat lie juridiquement l'utilisateur au fabricant par l'acceptation des clauses d'utilisation, et l'expose à des sanctions en cas de leur non-respect.

Au moment de l'achat des graines, les firmes font signer à l'agriculteur un contrat d'utilisation contraignant. Il est indispensable de prendre connaissance du détail de ces clauses, qui constituent le piège tendu aux agriculteurs par le biais des OGM.

Prenons ici l'exemple du contrat intitulé « Semez la technologie, moissonnez les profits » que Monsanto fait signer pour l'achat de colza « Roundup Ready », tolérant à l'herbicide Roundup vendu par la même firme.

Contrat Monsanto relatif au colza « Roundup Ready ».

Semez la technologie, moissonnez les profits

CONTRAT D'UTILISATION DE TECHNOLOGIE / TERMES ET CONDITIONS

I. L'agriculteur doit utiliser les graines de colza Roundup Ready® pour un semis et un seul. Ce semis est destiné à la production de graines de colza vendues pour la consommation. L'agriculteur s'engage à ne pas conserver de grain produit à partir de semences de colza Roundup Ready® dans le but de le replanter, qu'il s'agisse

---

de vente, de don, d'échange ou de toute forme de transfert du grain récolté dans le but de le semer. L'agriculteur s'engage également à ne récolter aucune repousse spontanée de colza Roundup Ready®.

II. L'agriculteur ne doit acheter et utiliser sur tous les semis de colza Roundup Ready® que les seuls herbicides de la marque Roundup® prévus pour cette utilisation. L'agriculteur doit acheter ensemble les herbicides de la marque Roundup® et le Contrat d'Utilisation de Technologie chez le détaillant de son choix.

III. Monsanto garantit la tolérance des plantes issues des semences de colza Roundup Ready® à l'herbicide Roundup® quand il est utilisé selon les prescriptions et la dose spécifiées sur l'étiquette.

IV. L'agriculteur accorde à Monsanto le droit d'inspecter toutes les terres ensemencées en colza appartenant à l'agriculteur ou louées par ce dernier, ainsi que toutes les terres cultivées par l'agriculteur, d'y prélever des échantillons et d'y faire des tests ; de vérifier les champs de colza de l'agriculteur ainsi que ses lieux de stockage pendant les 3 années suivantes pour s'assurer qu'il respecte les termes de l'accord. Toutes ces inspections seront faites à un moment raisonnable et si possible, en présence de l'agriculteur. L'agriculteur s'engage aussi à indiquer sur demande le lieu de tous ses champs ensemencés avec du colza pendant les trois années à venir. L'agriculteur a ou devra obtenir toutes les autorisations nécessaires pour que Monsanto exerce son droit d'inspection, de prélèvement des échantillons et de test.

V. Si l'agriculteur viole un des termes ou conditions de cet accord, il perdra tout droit d'en obtenir un autre dans l'avenir, et Monsanto pourra immédiatement mettre fin au présent accord. Dans l'éventualité d'une utilisation des semences de colza Roundup Ready® non spécifiquement autorisée dans le cadre de cet accord, l'agriculteur reconnaît qu'il fait courir à Monsanto un risque substantiel de perte de contrôle sur les semences de colza Roundup Ready® et qu'il pourrait être impossible de déterminer précisément le montant des dommages ainsi occasionnés à Monsanto.

Par conséquent, l'agriculteur s'engage :

a. à payer à Monsanto 15 $ par acre pour chaque acre planté avec des semences de colza Roundup Ready® et non couvert par cet accord ; et

b. à remettre à Monsanto ou un agent désigné par Monsanto, aux frais de l'agriculteur, toute graine contenant le gène Roundup Ready® qui résulterait de l'utilisation non autorisée de colza Roundup Ready® ; ou bien, à la demande de Monsanto, l'agriculteur devra détruire toutes les cultures contenant le gène Roundup Ready® résultant de l'utilisation non autorisée de colza Roundup Ready® ; et

c. si l'agriculteur vend, donne, transfère ou transmet de quelque façon que ce soit toute graine contenant le gène Roundup Ready® contrairement aux termes et conditions de cet accord, l'agriculteur devra payer à Monsanto la plus grande de deux sommes suivantes : soit une somme égale à 15 $ par acre susceptible d'avoir été ensemencé en utilisant les semences qui auraient été vendues, données, transférées ou transmises ; soit une somme égale à la somme reçue par l'agriculteur au moment de la vente, du don, du transfert ou de la transmission et ;

d. à payer à Monsanto tous les frais occasionnés par le non-respect de tout terme ou condition de l'accord par l'agriculteur, y compris tous frais de justice et débours supportés par Monsanto.

VI. Les termes et conditions de cet accord s'appliquent à l'agriculteur à titre personnel et engagent les héritiers, les représentants personnels, les successeurs, les ayant-droits légaux, mais les droits de l'agriculteur mentionnés dans cet accord ne peuvent pas être transférés ou cédés sans un accord écrit de Monsanto.

VII. Tous les termes, conditions et dispositions de cet accord sont dissociables. Au cas où un terme, une condition, une disposition ou une application de celui-ci viendrait à être interdit ou à être légalement inapplicable, cela n'affecterait pas le reste de l'accord ni aucune autre application de ses termes, conditions ou disposition. L'utilisation du titre « Contrat d'utilisation de technologie » est une simple facilité de désignation et ne doit pas affecter cet accord ou être utilisé dans sa construction ou son interprétation.

Un tel texte ne nécessite quasiment aucune explication, tant il est limpide. Dans l'article I, Monsanto précise quelle est la logique et le but même d'un brevet déposé sur une plante cultivée.

Lorsqu'un agriculteur achète une semence hybride, il la paie, et celle-ci lui appartient. Comme il lui est impossible de semer l'année suivante le grain récolté sous peine de rendement catastrophique, il *achète* chaque année la semence. Avec le grain breveté, il paie pour un *droit d'utilisation* unique. En effet, la reconnaissance du brevet implique que le gène inséré dans la semence reste la propriété de la firme Monsanto, même après que l'agriculteur ait payé la facture ! Monsanto lui concède simplement le droit d'exploiter une technologie, la semence, pour une année culturale et de vendre le produit de sa récolte. Impossible donc de semer du grain récolté ou d'en céder à qui que ce soit, sous peine d'être condamné en justice, comme le décrit l'article V. Cette condamnation est d'ailleurs terriblement lourde, puisque Monsanto indique qu'en cas de fraude, « il pourrait être impossible de déterminer précisément le montant des dommages […] occasionnés ». Cette astuce permet à la firme de définir elle-même le barème des sanctions, qui vont de pénalités financières au remboursement de l'intégralité des frais de justice.

Dans son article II, Monsanto oblige l'agriculteur à n'utiliser que le produit (breveté) vendu par elle, et lui interdit l'utilisation de tout autre herbicide. Un tel procédé rappelle fortement les pratiques de Microsoft qui vendait son navigateur Internet et son système d'exploitation Windows comme un « *package* » indissociable, pratiques qui lui ont valu des soucis en justice.

L'article VI précise que le contrat signé par l'agriculteur se transmettra à toute personne qui reprendrait son exploitation agricole dans les trois années qui suivent la signature.

Mais la clause la plus incroyable contenue dans le texte est sans aucun doute celle qui mentionne que « l'agriculteur s'engage à ne récolter aucune repousse spontanée de colza Roundup Ready » (article I). Mesurons bien le poids de cette phrase d'apparence anodine. Elle signifie que l'agriculteur – qui techniquement ne pourra jamais distinguer les repousses de colza génétiquement modifiés des pousses de plants nouvellement sortis de terre, conventionnels ou non – se voit ainsi placé de fait dans l'impossibilité de revenir à du colza non OGM sur les mêmes parcelles, sous peine d'être condamné en justice ! Car une semence de colza peut germer plusieurs années après avoir été semée[21]. La durée théorique de trois ans que couvre le contrat n'a donc aucune signification réelle. Les acheteurs deviennent totalement prisonniers de la firme Monsanto, qui leur interdit donc de sortir de la technologie transgénique.

Les contrats signés ne sont pas restés lettre morte. Monsanto a fait condamner un agriculteur canadien, M. Percy Schmeizer, dont les champs avaient été contaminés par les OGM plantés par ses voisins, et qui ne détenait donc aucune licence d'exploitation. Monsanto a eu gain de cause pour un montant à payer de plus de dix mille euros : les tribunaux ont considéré que la façon dont le gène sous licence était parvenu chez M. Schmeizer importait peu. L'essentiel est qu'il utilisait un gène breveté pour lequel il n'avait pas acquitté de « droit d'utilisation », et qu'il devenait donc coupable de piratage[22].

---

21 Jusqu'à une dizaine d'années environ.
22. « Comment Monsanto vend ses OGM », *Le Monde diplomatique*, juillet 2001.

La première question qui vient à l'esprit à la lecture de ces clauses est évidemment : comment les agriculteurs ont-ils pu se laisser piéger par un tel contrat ? Là aussi, il en est allé, avec les contrats couvrant l'utilisation des semences OGM comme avec les licences de logiciels – que personne ne prend la peine de lire –, d'autant qu'en Amérique du Nord les textes de ce genre sont monnaie courante. Les agriculteurs ne se sont certainement pas assez méfiés dans un contexte où, pour le lancement de ses produits, la firme proposait des arrangements et avantages commerciaux pour les premiers agriculteurs qui « essayaient » ces nouvelles semences OGM. Compte tenu et de la véritable rente financière que représente ce marché et de l'impossibilité pour le paysan de faire demi-tour, le semencier pouvait bien consentir quelque remise de départ !

Pour que cette stratégie bien ficelée fonctionne, il a néanmoins fallu que les brevets sur le vivant soient reconnus le plus largement possible. C'est le cas depuis longtemps en Amérique du Nord et dans de nombreux États, mais leur nombre est encore insuffisant pour les promoteurs des OGM… Avant de transférer la souveraineté au peuple irakien en juin 2004, l'Autorité provisoire américaine a pris soin de mettre en place l'ordre 81. Alors que la loi irakienne de 1970 interdisait les brevets sur le vivant, ce texte introduit un droit de propriété intellectuelle pour les créateurs de semences, qui leur confère un monopole d'une durée de vingt à vingt-cinq ans[23]. Des méthodes similaires ont été utilisées en Afghanistan quelques années plus tôt dans le but d'ouvrir la porte aux OGM des firmes semencières américaines.

Au niveau de l'Organisation mondiale du commerce (OMC), c'est l'Accord sur les aspects et les droits de la propriété intellectuelle liés au commerce (ADPIC, ou TRIPS en anglais) qui tend à généraliser le modèle américain de protection intellectuelle. L'article 27, 3, b considère en effet les organismes issus de manipulations génétiques comme explicitement brevetables.

Restent maintenant les États qui, malgré ces dispositions, refusent toujours de reconnaître le brevetage du vivant. Pour eux, il existe un véritable *brevet biologique*, toujours détenu par Monsanto, et connu sous le nom de *Terminator*.

De Terminator à Traitor

L'idée du brevet biologique consiste à insérer un transgène qui rendra stériles les graines produites par la plante cultivée ! Il s'agit en fait d'une toxine, provisoirement inhibée, mais qui se développera si les graines sont resemées et provoquera le suicide de la plante. Cette technologie, dénommée «contrôle de l'expression des gènes», est plus communément appelée Terminator.

---

23. Voir le document : http://84.96.22.11/observabilis/FMPro?-db=archives&-layout=base&-recid=33305 & -format=request1 result.html&-find

Monsanto commençait à développer cette technique sur le coton quand le scandale que provoqua le principe Terminator dans l'opinion publique l'obligea à faire marche arrière. La firme américaine annonça alors qu'elle renonçait à utiliser Terminator… dans l'immédiat. Peut-être parce qu'elle disposait déjà de la technologie dite Traitor («traître»), méthode qui, si elle produit le même résultat, le fait d'une façon plus habile. En effet, les semences Traitor – dont la véritable appellation est Genetical Use Restriction Technologies (GURTS) – sont rendues provisoirement stériles par manipulation génétique, mais peuvent retrouver leur fécondité grâce à la pulvérisation d'un produit chimique évidemment vendu par Monsanto. En outre, cette astuce équivalente à Terminator en terme de résultat se révèle encore plus intéressante puisque la sélection des graines sera faite par l'agriculteur lui-même et évitera ainsi un travail coûteux au semencier. Dans ce cas, l'acquittement du «droit d'utilisation» est accompli au travers de l'achat du produit chimique.

Le discours des industriels pour justifier une telle perversité est quant à lui très clair : la société Delta and Pine, qui mit au point cette technologie, a clamé sa satisfaction, dès le premier communiqué sur le brevet TPS (Terminator), de pouvoir vendre à l'avenir ses variétés high-tech en Afrique, en Asie et en Amérique latine en toute «sécurité économique».

Le but premier des OGM est ainsi dévoilé par le semencier lui-même : créer un marché totalement captif, où l'agriculteur serait contraint tous les ans de racheter ses graines et ses herbicides à la firme agrochimique! Dès lors, le développement des technologies Terminator ou Traitor n'apparaît que comme la traduction biologique des contrats autorisés par la législation sur les brevets en vigueur dans de plus en plus de pays.

Il est bien évident que le seul avantage des plantes transgéniques démontré à ce jour est de fournir aux multinationales les armes nécessaires à la privatisation des semences. Accepter ces plantes revient ni plus ni moins à offrir notre alimentation et notre diversité biologique aux appétits des actionnaires de Monsanto, Novartis ou Limagrain.

Et, contrairement au débat sur l'impact sanitaire des OGM, nous ne sommes pas là dans des supputations plus ou moins soumises à controverse, mais devant une certitude.

4

Des enjeux commerciaux planétaires

Pour obtenir les rendements financiers espérés, les firmes comptaient sur une diffusion rapide des semences transgéniques un peu partout dans le monde. Le marché nord-américain est en effet loin d'être suffisant au regard des sommes investies, puisque deux cents à quatre cents millions de dollars en moyenne sont nécessaires pour mettre au point une seule variété génétiquement modifiée. La diffusion sur ce continent s'est faite sans débat, sans traçabilité, sans étiquetage, sans évaluation et sans régime de responsabilité pour répondre aux besoins de retour rapide sur investissement.

Le fragile moratoire de l'UE

Or, après avoir autorisé certaines variétés en 1997 et 1998, l'Union européenne (UE) a mis en place en 1999 un moratoire de fait sous la pression de l'opinion publique. Ce moratoire s'appuie sur trois points : l'absence de mesures de traçabilité et d'identification des produits transgéniques, l'absence de mesures de coexistence entre cultures OGM et non OGM, et le vide juridique en matière de responsabilité. De nombreux pays montrent une prudence similaire et, contrairement aux objectifs des semenciers, l'augmentation des surfaces cultivées en OGM n'est pas exponentielle : elle s'est stabilisée depuis 2000 autour d'une moyenne de 15 % par an.

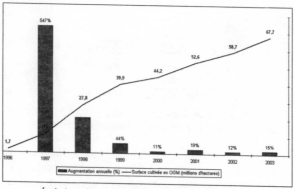

Évolutions des surfaces OGM cultivées dans le monde.
Source ISAAA : http://www.isaaa.org/kc/

Une telle réserve vis-à-vis des OGM s'explique en partie par les récentes crises sanitaires survenues dans plusieurs pays, au premier rang desquelles celle de l'ESB, dite de la vache folle. Si la production mondiale actuelle de soja est largement transgénique, les autres plantes de grande culture sont loin d'être aussi touchées, en grande partie grâce à la résistance européenne.

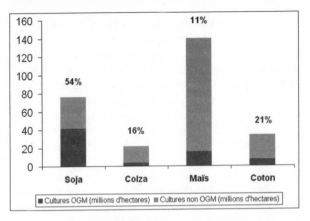

Taux d'utilisation des OGM par espèce en 2003
pour les quatre principales cultures transgéniques existantes.

Cette position de l'UE est décisive, car bien des États encore hésitants attendent de voir dans quel sens va pencher la balance pour accepter ou refuser les cultures transgéniques. Il ne faudrait pas pour autant conclure que l'Union privilégie ainsi l'intérêt des populations et met en œuvre le principe de précaution. Dans le document «Sciences du vivant et biotechnologie – Une stratégie pour l'Europe[24]» qu'elle a préparé, on mesure à quel point la Commission juge indispensable le recours

---

24. «Sciences du vivant et biotechnologie. Une stratégie pour l'Europe», communication de la Commission au Conseil, au Parlement européen, au Comité économique et social et au Comité des régions, 23 janvier 2001.

aux OGM : «Les sciences du vivant et la biotechnologie offrent des possibilités pour répondre à une grande partie des besoins mondiaux liés à la santé, au vieillissement, à l'alimentation, à l'environnement et au développement durable» peut-on lire en page 5. Pour cela, la Commission précise qu'«un large soutien public est indispensable». Et c'est bien ce soutien public qu'elle entend obtenir à terme.

Pas question non plus de remettre en question le principe des brevets. Au contraire, «une protection par brevet efficace constitue un stimulant décisif pour la recherche et le développement, ainsi que l'innovation, et un moyen essentiel de garantir le rendement du capital investi» (page 17). Il est même précisé plus loin qu'«en ce qui concerne le contexte international, il faut s'employer à instaurer des conditions égales pour tous en matière de protection par brevet dans les pays industrialisés».

Les raisons du blocage sont à chercher ailleurs. Une indication claire est donnée en page 20 de ce même document : «Il convient de veiller tout particulièrement au maintien de la compétitivité de l'Union vis-à-vis des principaux pays industrialisés, tels que les États-Unis et le Japon. Nous devons [...] promouvoir activement des politiques équilibrées et responsables à l'échelle mondiale, en particulier vis-à-vis du monde en développement».

Devant le retard pris sur les États-Unis en matière de développement des biotechnologies, l'Union européenne mise donc sur une stratégie plus souple et moins arrogante, mais ne renonce aucunement au développement des OGM. Elle travaille ainsi pour le compte de ses propres multinationales, et s'en cache à peine.

Après avoir tenté différentes manœuvres d'intimidation pendant quatre ans, les États-Unis ont engagé en 2003 une procédure contre l'Union devant l'Organe de règlement des différends (ORD), le tribunal ultralibéral de l'OMC. Nul doute que ce tribunal, qui a déjà condamné l'Europe pour son refus d'importer du bœuf aux hormones, jugera toute entrave au commerce des OGM contraire à ses préceptes.

C'est pourquoi, le 19 mai 2004, l'Union européenne a décidé une levée partielle de son embargo, en autorisant la commercialisation d'un maïs doux transgénique pour la consommation humaine : le Bt11 produit par Syngenta. Si, entre-temps, une procédure d'étiquetage et de traçabilité est définie (tout aliment contenant plus de 0,9 % d'OGM sera étiqueté), aucune réponse n'est apportée sur les autres points qui avaient justifié le moratoire en 1999.

Pourquoi ? Parce que les solutions envisageables pour résoudre ces deux problèmes auraient tout autant pénalisé l'industrie européenne des biotechnologies que celle d'outre-Atlantique. Tandis que l'étiquetage des OGM reste avant tout un frein pour les États-Unis qui ont misé dès le départ sur une absence de double filière quasiment impossible à remettre en question aujourd'hui. En toute logique, les États-Unis envisagent d'attaquer à présent cette nouvelle réglementation sur la traçabilité devant l'OMC, considérant qu'il s'agit d'un «obstacle non nécessaire au commerce[25]».

Mais la chance de l'Europe n'en reste pas moins la quasi-absence de cultures transgéniques sur son sol : l'Espagne exploitait un peu plus de 30 000 hectares de maïs transgénique autorisé avant la mise en place du moratoire; quelques milliers d'hectares supplémentaires d'OGM ont été plantés en Allemagne et dans les pays de l'Est[26].

Opposition aux « essais » en France

En France, malgré l'inscription au catalogue officiel des semences[27] du maïs Bt176 et du Mon810 en 1998, les agriculteurs refusent de s'engager dans cette production sans débouché. Les parcelles d'OGM qui, chaque année, sont semées dans plusieurs départements ne sont donc pas destinées à la commercialisation, mais s'inscrivent dans le cadre de programmes d'«essais en plein champ» soumis à autorisation du ministère de l'Agriculture. Sous cette appellation, on pourrait croire qu'il s'agit là d'un véritable plan de recherche scientifique, visant à étudier rigoureusement le comportement des plantes transgéniques. En fait, il

25. Sur le fonctionnement de l'Organisation mondiale du commerce et de l'ORD, voir Susan George, *Remettre l'OMC à sa place*, Mille et une nuits, Paris, 2001.
26. Chiffre pour l'année 2003, à comparer avec les 42,8 millions d'hectares cultivés aux États-Unis.
27. Le catalogue officiel regroupe les variétés de semences autorisées à la commercialisation.

Pays	1996	1997	1998	1999	2000	2001	2002	2003
États-Unis	1.5	8.1	20.5	28.7	30.3	35.7	39.0	42.8
Argentine	0.1	1.4	4.3	6.7	10.0	11.8	13.5	13.9
Canada	0.1	1.3	2.8	4.0	3.0	3.2	3.5	4.4
Brésil	–	–	–	–	–	–	–	3.0
Chine	–	0.0	<0.1	0.3	0.5	1.5	2.1	2.8
Afrique du Sud	–	–	<0.1	0.1	0.2	0.2	0.3	0.4
Australie	<0.1	0.1	0.1	0.1	0.2	0.2	0.1	0.1
Inde	–	–	–	–	–	–	<0.1	0.1
Roumanie	–	–	–	<0.1	<0.1	<0.1	<0.1	<0.1
Espagne	–	–	<0.1	<0.1	<0.1	<0.1	<0.1	<0.1
Uruguay	–	–	–	–	<0.1	<0.1	<0.1	<0.1
Mexique	<0.1	<0.1	0.1	<0.1	<0.1	<0.1	<0.1	<0.1
Bulgarie	–	–	–	–	<0.1	<0.1	<0.1	<0.1
Indonésie	–	–	–	–	–	<0.1	<0.1	<0.1
Colombie	–	–	–	–	–	–	<0.1	<0.1
Honduras	–	–	–	–	–	–	<0.1	<0.1
Allemagne	–	–	–	–	<0.1	<0.1	<0.1	<0.1
France	–	–	<0.1	<0.1	<0.1	–	–	–
Ukraine	–	–	–	<0.1	–	–	–	–
Portugal	–	–	–	<0.1	–	–	–	–
Philippines	–	–	–	–	–	–	–	<0.1
Total	**1.7**	**11.0**	**27.8**	**39.9**	**44.2**	**52.6**	**58.7**	**67.7**

Surfaces OGM semées par pays (en millions d'hectares).
Source : ISAAA.

n'en est rien. Ces « essais » ont deux objectifs principaux : habituer les populations locales à la présence d'OGM en milieu non confiné, et, surtout, inscrire des variétés transgéniques au catalogue officiel des semences. Car cette inscription ne peut se faire, que la variété soit transgénique ou non, qu'après un passage au champ. Une fois les semences inscrites, elles deviendraient commercialisables dès l'instant où le moratoire serait totalement levé.

Les irrégularités récurrentes relevées dans ces programmes d'essais suffisent à montrer qu'il n'est pas question ici de recherche scientifique. Pour la seule année 2004, on a pu constater deux infractions : le non respect des distances d'isolement de quatre cents mètres sur un essai mené dans le Lot-et-Garonne[28], et l'illégalité de parcelles : cinq parcelles à Valdivienne, dans la Vienne, et une parcelle dans le Tarn-et-Garonne, suite à une absence d'information du public et des élus locaux.

L'impérieux besoin de disséminer ces OGM dans les champs au nom de la recherche est d'autant moins défendable qu'aucune autre forme d'évaluation n'est parallèlement conduite, notamment dans le domaine de la toxicologie.

Les citoyens ne s'y trompent d'ailleurs pas. Depuis 2003, le ministère de l'Agriculture a mis en place sur Internet une procédure de consultation du public portant sur l'acceptation de ces disséminations. Au travers de ce processus, il s'agit principalement de répondre à minima aux nouvelles exigences européennes d'information des citoyens en matière d'environnement, comme le définit, par exemple, la convention d'Aarhus[29]. Les résultats des consultations menées en

---

28. Les parcelles transgéniques doivent se situer à 400 mètres au moins de parcelles non transgéniques d'une même culture.
29. Téléchargeable à l'adresse : http://europa.eu.int/comm/environment/aarhus/

2003 et en 2004 sont sans équivoque : le public rejette toujours massivement les essais OGM en plein champ, même si la confidentialité volontaire de la consultation amène à un nombre de réponses ridiculement faible. Cette opposition n'empêche bien évidemment pas les pouvoirs publics de poursuivre la dissémination contre l'avis du plus grand nombre.

Consultation	Dates	Favorable	%	Défavorable	%	Sans avis	%	Total
Nouveaux programmes de recherche 2004	27/07/2004 -10/08/2004	66	12	461	84	22	4	549
Programmes de recherche 2004	10/05/2004 -24/05/2004	151	7	2130	93	0	0	2281
Programmes de recherche 2003	23/04/2003 -7/05/2003	20	4	545	96	0	0	565
TOTAL		237	7	3136	92	22	1	3395

Résultats des consultations 2003 et 2004 sur les programmes de dissémination d'OGM en France.
Source : www.ogm.gouv.fr

Malgré tout, la pression de l'opinion publique a entraîné une baisse sensible du nombre d'essais conduits annuellement et des surfaces semées. Entre 2000 et 2004, le nombre de parcelles OGM en France a quasiment été divisé par quatre.

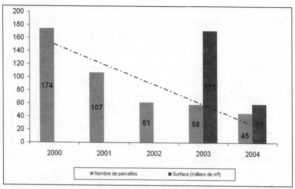

Évolution du nombre de parcelles et de la surface totale des essais de dissémination en France.
Source : www.ogm.gouv.fr

Il reste néanmoins urgent d'en finir avec l'hypocrisie des institutions européennes et des pouvoirs publics pour préserver une Europe sans OGM dans les champs, et donc sans risque de pollution génétique. Car s'il est toujours possible d'évacuer certains produits des rayons de supermarchés, il serait inenvisageable de dépolluer les productions contaminées aux OGM si cette contamination devait se faire à grande échelle.

Quel parti tirer du protocole de Carthagène?

Dans le cadre de la convention de Rio sur la biodiversité a été adopté, le 29 janvier 2000, le Protocole de Carthagène. Ce texte, entré en vigueur le 11 septembre 2003, concerne la commercialisation d'organismes vivants modifiés (OVM) et s'applique aux «mouvements transfrontaliers, au transit, à la manipulation et à l'utilisation de tout OVM» qui pourrait avoir des effets défavorables sur la biodiversité et sur la santé humaine. Un des principaux mécanismes du protocole permet de soumettre l'exportation d'un OVM à un «accord préalable en connaissance de cause» du pays importateur, fondé sur une évaluation préalable des risques pour l'environnement et la santé. Un pays pourrait donc refuser d'importer des semences ou des animaux transgéniques en invoquant le principe de précaution. En revanche, les produits transformés contenant des OGM sont exclus de ce texte, de même que les produits pharmaceutiques.

À première vue, ce protocole semble constituer une avancée. Non seulement le principe de précaution y est inscrit en toutes lettres (article 10), mais l'évaluation des risques liés à la dissémination d'OVM est à la charge de la partie exportatrice. D'autre part, le Protocole de Carthagène n'étant pas subordonné aux règles de l'OMC, il permettrait aux pays du Sud de décider en connaissance de cause de l'importation ou non d'OGM, même en l'absence de législation nationale.

Mais les lacunes du texte sont nombreuses. Les produits transformés, qu'ils soient destinés à l'alimentation animale ou humaine, sont exclus du protocole, suite à une concession faite au groupe des pays exportateurs d'OVM (dit groupe de Miami) en échange de la référence au principe de précaution. Marquant un bémol dans l'évaluation des risques, l'annexe III indique qu'il « ne faut pas nécessairement déduire de l'absence de connaissances ou de consensus scientifique la gravité d'un risque, l'absence de risque, ou l'existence d'un risque acceptable », formulation suffisamment floue pour qu'on puisse se demander comment le principe de précaution sera interprété et mis en application.

La non subordination du Protocole aux règles de l'OMC n'est qu'une demi-décision, qui impose seulement à l'organe de règlement des différends de l'OMC de tenir compte du protocole. Mais puisque aucune « cour d'arbitrage » n'est prévue au-delà, seule la pratique tranchera.

Et surtout, le risque est réel de voir l'Union profiter de ce texte, qui pénalise l'industrie biotechnologique américaine, pour développer des OGM « à l'européenne », sommairement camouflés derrière un minimum d'éthique et d'évaluation.

Sur la question des OGM, c'est donc bien l'hésitation qui domine actuellement au plan international, et la situation peut basculer d'un moment à l'autre, vers l'acceptation ou le refus.

Les États-Unis, qui tentent avant tout d'éviter à leur secteur agrochimique un échec cuisant, utilisent tous les moyens à leur disposition pour faire céder les pays hésitants. Après avoir sciemment pollué avec du maïs transgénique en 2002 l'aide alimentaire que les Nations unies apportent aux pays en situation de famine, ils ont imposé le principe des plantes transgéniques en Afghanistan et en Irak aussitôt après avoir cessé leurs bombardements.

Pour leur part, les multinationales complètent ce travail, notamment en organisant des trafics de semences transgéniques dans les pays qui les interdisent. Il en va ainsi dans plusieurs États du Brésil, qui tentent coûte que coûte de conserver une production de soja sans OGM, mais également dans les pays de l'est de l'Europe. Lors du Forum social européen de 2003, des militants roumains ont exposé la stratégie du fait accompli, qui a pour objectif de contourner le moratoire européen par l'Est, où les frontières sont bien plus perméables aux OGM.

Le «non» des populations européennes doit donc être très vite concrétisé par des décisions politiques adéquates. Le refus des solutions transgéniques aurait alors toutes les chances de se généraliser dans le monde, y compris jusqu'aux États-Unis, où une majorité des citoyens souhaite une identification claire des produits contenant des OGM afin de pouvoir choisir leur alimentation en connaissance de cause.

5

Le principe d'irresponsabilité

La dissémination d'organismes génétiquement modifiés dans l'environnement renvoie à une question essentielle : celle du risque, qu'il soit sanitaire, environnemental ou économique, et donc celle de la responsabilité. La responsabilité environnementale peut être définie comme l'instrument par lequel celui qui occasionne une atteinte à l'environnement (le pollueur) est amené à payer pour remédier aux dommages qu'il a causés. Elle n'est donc efficace que lorsqu'il est possible d'identifier le pollueur, de quantifier les dommages et d'établir un lien de causalité. Les assureurs distinguent aujourd'hui les risques liés à la contamination de l'environnement ou de la chaîne alimentaire par les OGM et les impacts sanitaires que ces produits pourraient avoir sur l'homme. Quel que soit le vecteur (pollinisation, pollution des semences, machines agricoles, filières agroalimentaires), les risques de contamination peuvent se traduire par trois types de dommages potentiels : le préjudice économique pour un agriculteur contaminé, le risque d'atteinte à la biodiversité, et le risque de présence dans la chaîne alimentaire humaine d'OGM non autorisés.

Des risques de tous ordres

Les risques économiques pour l'agriculture biologique ont été en partie estimés dans l'étude du Centre commun de recherche de la Commission européenne[30]. Pour autant, les assureurs ne sont pas prêts à couvrir ces risques, dont la probabilité leur semble bien trop élevée. Aucun d'entre eux ne souhaite assurer les agriculteurs contre les risques de contamination par les OGM (agriculteurs biologiques, labellisés ou conventionnels) ni les planteurs d'OGM susceptibles d'être traduits en justice si leurs cultures contaminaient les entreprises agricoles voisines. Une enquête menée par l'association d'agriculteurs Farms en Grande-Bretagne auprès des principaux assureurs du pays, et publiée en 2003, montre une unanimité des compagnies sur ce point. Cette situation ne peut que se renforcer dans le temps, puisque les faits et les études scientifiques confirment la très forte probabilité de contamination de l'agriculture non OGM par l'agriculture OGM.

En l'état actuel des connaissances, le risque d'atteinte à la biodiversité est impossible à mesurer. Il s'agirait des

---

30. Voir pp. 28-29.

perturbations éventuelles que les OGM induiraient sur la faune et la flore : réduction de la biodiversité, notamment mortalité des abeilles, mutations génétiques, etc. Un bien global comme l'environnement ne pouvant être évalué et n'appartenant pas à une personne définie, les conséquences d'une telle atteinte pourraient avoir des répercussions sur des pans entiers de l'activité humaine et générer des préjudices considérables impossibles à quantifier et surtout à réparer.

Au début du siècle, un scandale a fait grand bruit aux États-Unis, lorsqu'un maïs destiné à l'alimentation pour le bétail (le «Starlink» de la firme Aventis) a été retrouvé dans des *tacos* vendus pour la consommation humaine. Le préjudice économique fut énorme pour la multinationale, puisqu'il fallut retirer tous les produits des rayons de supermarchés et interrompre la production. Cette histoire pourrait se produire à nouveau, du maïs transgénique non destiné à la consommation humaine pourrait arriver dans nos assiettes... Il s'agit d'une autre possibilité de contamination, non pas dans les champs, mais dans la chaîne alimentaire.

Les impacts sanitaires sont classés dans les «risques sériels» ou «risques de développement», c'est-à-dire qu'ils se manifesteraient avec une longue latence, de manière diffuse, et auprès d'un grand nombre de personnes.

En Grande-Bretagne, les compagnies d'assurance comparent ainsi les OGM à la Thalidomide[31], le médicament miracle qui avait donné naissance à des nourrissons atteints de malformations : dans les années 1960, cent millions de livres sterling d'indemnité furent payés aux familles des victimes.

On revient ici au fait que l'absence de preuve (de danger sanitaire) n'est pas une preuve d'absence, même si ce débat n'est pas spécifique aux OGM. Mais, compte tenu du caractère très novateur de cette technologie, la question se pose tout particulièrement.

Refus d'assurer

Les mécanismes d'assurance ont été inventés pour permettre aux hommes de courir des risques calculés dont l'occurrence, même peu fréquente, aurait été dissuasive sans indemnisation. L'autre fonction principale de l'assurance est de couvrir des risques accidentels, qui ne dépendent pas du comportement volontaire des personnes. L'exemple typique en est l'assurance-maladie : il s'agit, dans cette perspective, de protéger contre les accidents de la vie. La prime d'assurance n'est que le prix du risque pour l'assureur. Les OGM posent un problème particulier : si le prix du risque qu'ils génèrent pour les compagnies ne peut être déterminé, il

---

31. Victoria Fletcher, «Consumer Correspondent», *Evening Standard*, 7 octobre 2003. Voir l'adresse : http://www.abece-daire.net/article.php3?id_article=253

devient impossible de les assurer. On parle alors de « risque inassurable ».

Comment intervient le principe de précaution ? Dans son sens premier, la précaution se réfère aux risques non quantifiables, dont la probabilité d'occurrence et de dangerosité n'est pas déterminable et, dans certains cas, à des risques dont la nature est mal connue. La prévention, elle, a trait à des risques identifiés, même si leur probabilité d'occurrence peut être très faible. Le contexte actuel de décision controversée qui entoure les OGM nécessiterait de passer d'un régime de prévention à un régime de précaution. Mais, aujourd'hui, les premiers (et seuls ?) acteurs à appliquer ce principe de précaution aux OGM sont bel et bien les assureurs. D'autant que la situation dans le milieu de l'assurance est actuellement particulièrement défavorable à un engagement sur le terrain des biotechnologies. Les attentats récents (en particulier, celui du 11 septembre 2001) ainsi que les crises sanitaires (ESB, dioxine, etc.) ou les catastrophes naturelles, comme en Europe la tempête de décembre 1999, incitent les assureurs à minimiser les prises de risques. Celui que représenterait la couverture des cultures de plantes transgéniques apparaît, dans ce cadre, bien trop important.

Par ailleurs, il est particulièrement intéressant de noter que les assureurs se plaignent d'un déficit d'informations sur les OGM qui les empêche d'approcher les probabilités d'occurrence du risque. Thierry Hommel, dans un document de l'INRA, indique que « le caractère confidentiel des dossiers d'homologation établis par les industriels rend la tâche des assureurs particulièrement complexe[32]».

Les compagnies d'assurance de par le monde sont donc unanimes pour déclarer leur refus de couvrir le risque que représenterait la dissémination des OGM dans l'environnement et dans la chaîne alimentaire. Il suffit, pour s'en convaincre, de faire un tour d'horizon des prises de position sur le sujet.

La compagnie Swiss Re[33] estime aujourd'hui «qu'aucune couverture d'assurance, si grande soit-elle, ne pourrait réduire le potentiel du risque que constitue le génie génétique, ni avoir une influence sur le profil de risque». Thomas Epprecht, son spécialiste du transgène, rappelle l'affaire Starlink et indique clairement : «Des choses comme ça, nous n'en voulons pas.»

«Nous excluons les OGM, ce n'est pas un risque assurable car nous ne sommes pas en mesure d'anticiper les dommages qu'ils sont susceptibles de causer», reconnaît en décembre 2003 l'assureur français Axa.

La position des autres groupes est identique, ce que confirme la Fédération française des sociétés d'assurances (FFSA) qui considère «les OGM comme un risque de développement, c'est-à-dire qu'il est impos-

---

32. « Assurabilité des OGM et risques industriels. Un univers de décision controversé», à l'adresse : http://www.inra.fr/Internet/Produits/dpenv/hommec45.htm
33. Importante compagnie financière chargée d'assurer les compagnies d'assurance, c'est-à-dire un «réassureur».

sible à prévoir au moment de la fabrication et donc inassurable en France».

Plus étonnant, une importante compagnie d'assurance anglaise a souligné le fait qu'elle n'offrirait plus aucune assurance aux agriculteurs en relation avec les OGM, en excluant même, dans sa lancée, les assurances bâtiment. BIB Underwriters Limited, du groupe AXA, prétend que les bâtiments agricoles seraient alors les points de mire des militants anti-OGM !

De telles positions amènent le coordinateur national de l'association d'agriculteurs Farm, Robin Maynard, à déclarer : «Si les assureurs comparent les cultures d'OGM à la Thalidomide, à l'amiante et au terrorisme, tout agriculteur sensé devrait refuser de mettre son entreprise en danger pour une technologie qui n'a pas encore fait ses preuves, que personne ne veut et qui est absolument inutile.»

Passer le mistigri à l'État ?

Peu après la mise en place du moratoire européen de 1999 sur les OGM, la Commission européenne a commencé à envisager la mise en place d'un régime général de responsabilité environnementale dans lequel aurait été intégré le risque OGM. Un Livre blanc en matière de responsabilité environnementale, publié par la Commission en 2000[34], et qui devait préparer la future directive européenne sur le sujet, proposait d'établir un régime de

---

34. *Livre blanc sur la responsabilité environnementale*, Bruxelles, 9 février 2000 : COM (2000) 66final.

responsabilité sans faute, objective, qui plafonne les garanties financières à apporter préalablement par les opérateurs industriels exerçant des activités dangereuses. Ce Livre blanc laissait toutefois entendre que ce régime ne serait pas appliqué aux producteurs d'OGM, qui seraient réglementés par des dispositions spécifiques.

La Commission rattachait les activités de production des OGM aux activités dangereuses réglementées au niveau communautaire, tout en précisant que celles-ci ne sont pas dangereuses en soi, mais peuvent, dans certaines circonstances, porter atteinte à la santé des personnes ou provoquer d'importants dommages environnementaux. Son texte témoignait donc d'un curieux jonglage sémantique et législatif qui laissait une place prépondérante au flou. Les firmes de biotechnologie plaidaient bien évidemment pour un régime général de responsabilité environnementale, qui clarifierait les règles du jeu et les imposerait à tous… même aux assureurs !

Mais, alors que le seizième considérant de la directive 2001/18 stipulait que « la Commission s'est engagée à présenter, avant la fin de 2001, une proposition législative sur la responsabilité environnementale couvrant également les dommages causés par les OGM », cet objectif a été écarté, faute de consensus entre les États membres sur le détail de ce point.

Les dernières recommandations de la Commission se contentent à présent de préconiser une « concertation permanente des acteurs » et, pour le reste, renvoient la décision aux États membres.

Les promoteurs des OGM sont eux aussi embarrassés par ces questions de responsabilité. Interrogé, le groupe franco-allemand Aventis a reconnu qu'il disposait d'une assurance globale pour ses essais de plants OGM, mais pas d'une assurance spécifique. Il s'agit bien évidemment d'une contrevérité puisque, d'après les professionnels, aucune assurance ne couvre le risque OGM.

Chez l'Américain Monsanto, un porte-parole s'est contenté d'affirmer qu'il n'y avait pas de jurisprudence en matière d'hypothétique contamination de cultures traditionnelles par des OGM.

Mais le plus grand flou règne aussi pour déterminer, en cas de préjudice, la part de responsabilité qui incomberait aux firmes et celle qui incomberait aux agriculteurs cultivant des OGM.

En affirmant depuis 2001 que l'industrie de l'assurance était peu enthousiaste à l'idée d'assurer le risque lié aux OGM, car ce risque « peut être trop grand », le Conseil australien des assurances (Insurance Council of Australia) ajoute : « C'est aux agriculteurs utilisant ces technologies d'assumer le risque éventuel. »

En France, pour le rapporteur du Sénat, « en cas de perte économique de l'exploitant non-OGM, le fabricant de semences devrait indemniser le coût subi, dès lors que l'agriculteur OGM a respecté le cahier des charges associé à la mise en culture de ces semences OGM ». Rien n'est dit, *a contrario*, du cas où l'agriculteur ne respecterait pas ce cahier des charges, mais on peut supposer implicite le fait qu'il porterait alors la responsabilité du préjudice. Dans ce même texte, le représentant de la Fédération française des sociétés d'assurance (FFSA) indique : « Sur le risque produit, on pourrait imaginer, puisque la technique juridique existe aux États-Unis, de décharger la responsabilité civile sur l'ensemble des producteurs d'OGM, mais cela rendrait les producteurs inassurables. »

Il est en revanche tout à fait tentant, pour les compagnies d'assurance et les firmes biotechnologiques, de s'accorder pour renvoyer la responsabilité aux pouvoirs publics.

La direction de la SCOR[35] indique que « le risque représenté par les OGM, en terme de pollution génétique, n'est pas encore du ressort des entreprises d'assurance qui le déclinent unanimement. Il s'agit d'un risque technologique non maîtrisé, dont le développement est pour l'instant inconnu. Selon les législations et en vertu du principe de précaution, la responsabilité des producteurs pourrait être recherchée en cas de dommages consécutifs avérés. Néanmoins, la plus grande part de responsabilité repose incontestablement sur les gouvernements, qui décident par voie réglementaire du bien-fondé ou non de la mise en culture ou de la distribution d'un OGM. La levée du moratoire européen, si elle est décidée, le sera certainement en toute connaissance de cause et dans l'intérêt général des populations.

---

35. La SCOR est le sixième réassureur mondial, intervenant dans plus de 150 pays.

La société accepterait alors en droit un aléa que les professionnels du risque refusent de porter[36]. »

Les assureurs renvoient donc clairement aux États le problème du risque OGM et de l'indemnisation.

L'Allemagne a voté en 2004 une loi instaurant un fonds qui serait abondé par les agriculteurs OGM et les firmes de production de semences transgéniques, et qui permet à un agriculteur contaminé d'attaquer collectivement en justice les cultivateurs d'OGM alentour. Des organisations agricoles allemandes ont d'ores et déjà annoncé qu'elles refusaient de se lancer dans des cultures transgéniques dans ces conditions. Mais cette loi est à présent contestée par la Commission elle-même, qui envisage de traduire l'Allemagne devant les juridictions européennes pour faire annuler le texte !

En France, en matière de couverture du risque environnemental, le Sénat pense qu'il «conviendrait de considérer que l'État, comme personnalisation de la collectivité citoyenne, [soit] le garant et le protecteur de l'environnement. Dès lors, c'est lui qui sera fondé à exiger des fabricants, en l'espèce les semenciers, un dédommagement en cas d'atteinte à l'environnement. Il est évident que ce dédommagement ne couvrira pas exactement le préjudice, par nature inestimable. Toutefois, il permettra de diminuer l'impact négatif de l'éventuelle atteinte à l'environnement».

36. Rapport du Sénat, *Quelle politique des biotechnologies pour la France?*, Mission d'information sur les enjeux économiques et environnementaux des organismes génétiquement modifiés, 16 mai 2003.

Il propose donc d'instaurer «un fonds de mutualisation des risques, abondé par des cotisations obligatoires des entreprises de semences»[37], dans un esprit proche de l'initiative allemande.

Dans le contexte actuel de décentralisation en France, cette orientation soulève quelque inquiétude : l'environnement étant une compétence de plus en plus transférée aux collectivités locales, ne risque-t-on pas de voir la gestion de la coexistence entre culture OGM et non OGM, ainsi que la gestion du risque, par exemple, confiée aux régions ou aux départements ?

De la même façon que la Commission européenne a choisi de se décharger sur les États membres d'une situation trop complexe, l'État français pourrait ainsi reporter sur les collectivités locales la gestion extrêmement complexe de risques qu'il ne souhaite pas assumer.

Enfin, rappelons que l'alinéa 5 de l'article L.2212-2 du Code général des collectivités territoriales, confie au maire «le soin de prévenir par des précautions convenables et de faire cesser [...] les pollutions de toute nature». En l'absence de régime de responsabilité, un agriculteur contaminé qui subit un préjudice économique pourrait donc se retourner contre son maire si celui-ci, ayant connaissance de la présence d'OGM sur son territoire, n'a pas mis en place les mesures nécessaires pour éviter la contamination.

---

37. Rapport du Sénat *(ibid.)*.

Depuis quelques années, lors des graves crises sanitaires (sang contaminé en France, crise de la «vache folle» en Europe, entre autres), nous avons assisté à une violente remise en cause de la capacité des institutions européennes et nationales à gérer ces situations. Il semble évident que si les élus, quels qu'ils soient, persistent dans un refus de mettre en place des outils de gestion du risque répondant à la problématique des OGM, c'est bien leur capacité même à gérer l'intérêt commun qui serait alors contestée. Ce qui constituerait un facteur supplémentaire de désengagement des citoyens de la chose politique.

Face à cette situation, il est donc urgent d'obtenir, en France et dans les autres pays d'Europe, une loi qui définisse un régime de responsabilité socialement acceptable, qui mène de fait à la disparition des cultures OGM. Une telle loi doit cibler à la fois les semenciers, principaux responsables des pollutions provoquées par les OGM, et les agriculteurs qui seraient tentés d'en cultiver. Mais ceci suppose d'être extrêmement attentifs aux montages juridiques que ces firmes savent mettre en place pour échapper à leurs responsabilités. En 2003, le procès des dix faucheurs de Valence, mis en examen pour avoir détruit deux ans plus tôt une parcelle d'essais OGM, a mis en lumière l'un de ces montages. La société Biogemma, qui détenait une autorisation de mener l'essai, avait revendu les graines de maïs transgénique à deux sociétés en participation, sans personnalité morale. L'exploitation de la parcelle fut confiée ensuite à une autre firme, Limagrain, et l'agriculteur qui mettait à disposition ses terres le faisait sans contrat. Il s'agissait bien sûr de diluer au maximum les responsabilités pour éviter d'assumer les conséquences d'éventuelles contaminations génétiques.

C'est pourquoi il est essentiel que, dans une législation *ad hoc*, ce soit bien l'obtenteur qui ait à assumer tous les coûts de l'introduction des OGM dans les champs et l'alimentation.

La responsabilité de l'agriculteur, quant à elle, ne doit être engagée qu'en cas de dissémination d'OGM en toute connaissance de cause. Il serait en effet inacceptable qu'un cultivateur lui-même contaminé soit incriminé pour une pollution génétique qu'il causerait secondairement.

Enfin, la responsabilité individuelle des décideurs qui ont autorisé et autoriseraient à nouveau, les mises en culture d'OGM devra être recherchée en cas de problème sanitaire ou environnemental.

6

Gagner le combat
politique par le local

Depuis quelques années, de nombreuses associations se sont lancées dans un combat juridique pour faire reconnaître le droit d'un maire de s'opposer aux cultures d'OGM en plein champ sur sa commune. Ce choix se traduit, entre autres, par la prise d'arrêtés municipaux interdisant à la fois les «essais» en milieu non confiné et les cultures à vocation commerciale, mais aussi par l'intégration de mesures dans les appels d'offre permettant de garantir un approvisionnement des cantines sans OGM.

Le vote de délibération par les collectivités qui ne peuvent mettre en œuvre des arrêtés d'interdiction, tels les conseils généraux et les conseils régionaux, ou l'expression de vœux, notamment par les parcs naturels, les chambres d'agriculture, apporte un soutien politique, au sens large du terme, à cette opposition.

Après trois années d'existence de la campagne «Pas d'OGM dans ma commune»[38], ce sont plus de 1 250 municipalités qui ont pris des mesures d'opposition aux OGM, soit dans les champs, soit dans les cantines.

La problématique des OGM, et en particulier leur coexistence avec d'autres formes d'agriculture, soulève de nouvelles questions juridiques relatives à la compétence du maire pour édicter de telles mesures. Ceci explique les difficultés rencontrées lors de la rédaction des premiers arrêtés d'interdiction des OGM au champ, qui furent rejetés par les autorités administratives au titre du contrôle de légalité. Il est important d'en comprendre les raisons et de mesurer le chemin parcouru en peu de temps, qui permet d'espérer des victoires imminentes dans ce combat profondément démocratique.

Les maires en première ligne

Comme nous l'avons vu, le principal fondement en droit pour adopter des arrêtés OGM est l'alinéa 5 de l'article L.2212-2 du Code général des collectivités territoriales, qui confie au maire «le soin de prévenir par

---

38. Lancée par un collectif d'organisations comprenant, outre Attac, Les Amis de la Terre France, Greenpeace, Agir pour l'environnement, la Coordination nationale de défense des semences fermières (CNDSF), la Confédération paysanne, la Fédération nationale des producteurs de l'agriculture biologique, la Coordination rurale, OGM Dangers, la Fédération Nature et Progrès, France Nature Environnement, CNAFAL.

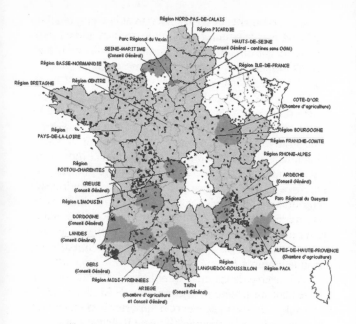

Délibérations et arrêtés municipaux opposés à la dissémination d'OGM en plein champ ou dans l'alimentation en France. Situation au 8 décembre 2004.

des précautions convenables et de faire cesser [...] les pollutions de toute nature». Dans ce cadre, le maire peut prendre un arrêté permettant d'atteindre cet objectif, qui doit être strictement proportionné au risque encouru, selon le principe d'une mesure la moins contraignante possible pour prévenir efficacement le trouble.

Les arguments de fond concernant la contamination génétique et le risque économique encouru par les agriculteurs conventionnels, qu'ils soient labellisés ou non, semblent à présent admis par les juridictions. On peut qualifier les OGM de «pollution» en puissance.

Il s'agit maintenant de savoir si un arrêté municipal peut prévaloir sur les décisions ministérielles qui autorisent des essais OGM en plein champ ou des cultures sur le territoire. Les tribunaux reconnaissent depuis le jugement de la commune de Coings dans l'Indre (36) que le pouvoir de police générale du maire peut lui permettre, *en cas de risque imminent*, de prendre des mesures de police plus contraignantes que la décision du ministère[39]. Mais cette notion semble encore floue. Des juges de référés, comme celui de Poitiers, demandent aux maires d'apporter la preuve qu'il existe un risque imminent *de présence d'OGM sur la commune*.

À l'inverse, le tribunal administratif de Pau, dans le jugement sur le fond de la commune de Mouchan (30), considère qu'il est nécessaire d'apporter la preuve d'un risque *sanitaire lié à l'utilisation des OGM*[40].

Les procédures qui visent à annuler un arrêté sont souvent mal connues. Il est pourtant utile de les détailler, car l'annulation est loin d'être systématique, et

---

39. Tribunal administratif de Limoges, 27 mars 2003, préfecture de l'Allier/commune de Coings, n° 01106 et 011457.
40. Tribunal administratif de Pau, 14 octobre 2004, préfet du Gers, n° 0302143.

le risque pour la commune, même en cas de déféré préfectoral, est minime.

Pour être suspendu ou annulé au titre du contrôle de légalité, l'arrêté doit être contesté par le préfet du département (déféré préfectoral, qui est le cas le plus courant) ou par un particulier ayant intérêt à agir (recours pour excès de pouvoir) auprès du tribunal administratif. Les arrêtés OGM font uniquement l'objet, pour l'instant, de déférés préfectoraux, qui comprennent plusieurs phases.

1. Le recours gracieux. Il s'agit souvent de la toute première étape, où le préfet (ou, par délégation, le sous-préfet) demande au maire, par courrier, de retirer ou de modifier son arrêté. Ce recours est courant en ce qui concerne les arrêtés OGM, mais non obligatoire[41]. Le maire dispose de deux mois après réception du courrier pour donner réponse. Passé ce délai de deux mois, et si le maire n'a pas répondu, son silence est assimilé à un refus. Le préfet peut alors déclencher ou non, dans un délai de deux mois, un recours en annulation accompagné généralement d'un recours en référé suspension. Si ce recours en annulation n'est pas engagé, l'arrêté devient valide, et ne peut plus être remis en question, sauf arrêté contraire du maire.

2. Le recours en annulation. Il vise à faire annuler l'acte pour vice de forme ou illégalité sur le fond. Il ne permet pas une intervention rapide du juge, mais

---

41. Article L2131-6 du Code général des collectivités territoriales.

donne lieu à un examen détaillé des motivations du maire.

3. *Le recours en référé suspension.* Quand l'urgence de la situation le justifie, ce qui est le cas en matière d'arrêtés OGM, le préfet peut déclencher un recours en référé suspension, dès l'instant où un recours en annulation est engagé. Cette procédure permet simplement de suspendre ou non l'exécution de l'arrêté, dans l'attente du jugement sur le fond. Les conclusions du juge administratif sont présentées dans une ordonnance publiée à l'issue de l'audience.

La décision du tribunal administratif en référé suspension peut faire l'objet d'un appel de la part du préfet ou du maire devant une cour d'appel administrative dans un délai de quinze jours à réception de l'ordonnance de référé. La cour d'appel confirme ou infirme alors l'ordonnance de référé. La décision de la cour d'appel ne peut être cassée que par le Conseil d'État. Le maire ou le préfet dispose de quinze jours à réception de l'ordonnance d'appel pour se pourvoir en cassation. Quelle que soit la décision prononcée en référé suspension, l'examen du dossier sur le fond a bien lieu, et lui seul permet de décider de la légalité de l'arrêté.

Ces procédures sont essentiellement écrites. Les parties engagées dans un recours en annulation ou en référé suspension doivent produire un mémoire en défense qui sera examiné par le juge et présentera leurs motivations. Le mémoire de la commune doit mettre en évidence la nécessité de l'arrêté au vu des circonstances locales et démontrer sa proportionnalité par rapport au risque encouru. La rédaction de ce dossier est essentielle : si aucun vice de forme n'entache l'arrêté d'illégalité, c'est ce dossier qui devra convaincre du bien-fondé de la mesure prise par le maire.

Le mémoire du préfet fera quant à lui valoir en premier lieu :

– que l'autorisation de la dissémination d'OGM relève du ministère de l'Agriculture, après expertise scientifique ;

– qu'il existe une procédure de consultation et d'information du public relative aux essais au champ ;

– que les distances d'isolement prévues dans le protocole d'essais est suffisante pour éviter les contaminations.

La réaction des préfets, en particulier leur volonté de mener la procédure à son terme, dépend beaucoup du contexte politique. Soit ils défèrent systématiquement les communes, soit ils se contentent d'un recours gracieux, pour éviter d'offrir une tribune médiatique toujours utile aux opposants aux OGM.

Un maire qui reçoit un courrier du préfet lui demandant de retirer son arrêté a donc tout intérêt à le maintenir, puisqu'il n'est pas certain que ce dernier déclenche une procédure en annulation. Si le maire ne répond pas à ce recours gracieux et qu'il n'est pas déféré, l'arrêté devient valable quatre mois après sa notification à la préfecture.

Rappelons également qu'il n'y a pas de risque pour la commune à être déférée au tribunal administratif, puisque aucune amende ne vient la sanctionner au terme de la procédure. Par ailleurs, de nombreux conseils régionaux offrent les services d'un avocat aux maires qui prennent ces arrêtés OGM, ainsi qu'un soutien financier. L'ordonnance d'appel de Brétignolles du 6 août 2004 reconnaît la légitimité d'un conseil régional pour intervenir dans ce sens[42].

Démontrer l'imminence du risque

La toute dernière étape à franchir pour faire reconnaître la légalité d'un arrêté OGM consiste donc à apporter la preuve de l'imminence du risque *de présence de plantes transgéniques sur la commune*. Et même si l'ordonnance du juge administratif de Pau à propos de l'arrêté de Mouchan semble donner une interprétation pour le moins restrictive des pouvoirs de police du maire, il reste possible de démontrer *le risque d'impacts sanitaires des cultures génétiquement modifiées*.

1. Le risque de présence d'OGM existe dans les communes

Depuis le début de cette campagne juridique, l'argumentation ne s'est appuyée que sur les «essais» d'OGM en plein champ, disséminés après autorisation préalable du ministère de l'Agriculture, et dont la réglementation est organisée par le code de l'environnement. Or, on a négligé la commercialisation légale de plusieurs maïs transgéniques. Un premier arrêté ministériel du 4 février

---

42. Cour administrative d'appel de Bordeaux, 6 octobre 2004, commune de Brétignolles, n°04BXOI530.

1997[43], et un second du 3 août 1998[44] ont en effet autorisé, avant la mise en place du moratoire européen de 1999, la culture en France de deux variétés transgéniques : les maïs Bt-176 de Novartis et MON810 de Monsanto. L'inscription au Catalogue officiel de neuf variétés obtenues à partir du maïs Bt-176 et de six variétés obtenues à partir du maïs MON810 a ensuite permis la commercialisation de ces OGM, *que n'importe quel agriculteur peut acheter, semer et récolter, sans avoir l'obligation d'en informer qui que ce soit.* En voici la liste[45] :

Événement MON810
– Bolsa Pioneer Hi-Bred International Inc
– DK 513 Dekalb Genetics Corporation
– Elgina Pioneer Hi-Bred International Inc
– Lévina Pioneer Hi-Bred International Inc
– Novelis Coop de Pau SCA
– Olimpica Pioneer Hi-Bred International Inc

Événement Bt 176
– Benji Syngenta Seeds SAS
– César CB Syngenta Seeds SAS
– Furio CB Syngenta Seeds SAS
– Garonna Syngenta Seeds SAS
– Navares Syngenta Seeds SAS
– Occitan CB Syngenta Seeds SAS

---

43. *Journal officiel*, n° 30, 5 février 1997, page 1949.
44. *Journal officiel*, n° 179, 5 août 1998, page 11985.
45. *Source* : GEVES.

– Odyssée Syngenta Seeds SAS
– Pactol CB Syngenta Seeds SAS
– Seven Syngenta Seeds SAS

Plantes génétiquement modifiées autorisées en France dans le cadre de la directive 2001/18 et produits autorisés en alimentation humaine et animale

Autorisations dans le cadre de la directive 2001/18

1. SONT AUTORISÉS POUR TOUTE UTILISATION (IMPORTATION, CULTURE ET TRANSFORMATION INDUSTRIELLE) :

– le tabac «ITB-1000-0X» de la société Seita tolérant à un herbicide. À noter que la commercialisation n'a pas été développée ;

– le **maïs Bt-176 de la société Novartis** tolérant à la pyrale et à un herbicide ; la commercialisation des semences de variétés obtenues à partir de ce maïs a été autorisée pour 9 variétés ;

– le **maïs MON810 de la société Monsanto** tolérant à la pyrale (la commercialisation des semences de 6 variétés obtenues à partir de ce maïs est autorisée) ;

– le maïs T 25 de la société AgrEvo tolérant à un herbicide.

L'autorisation de mise sur le marché pour les semences de ces variétés est subordonnée à leur inscription au catalogue national des espèces et variétés. À noter qu'aucune variété issue de la transformation T25 n'est inscrite à ce catalogue.

L'autorisation de commercialisation des semences de maïs génétiquement modifié est accordée pour une durée de 3 à 10 ans. Cette autorisation est assortie de mesures de suivi («biovigilance») de l'utilisation des semences afin d'évaluer les effets éventuels des cultures sur l'environnement (apparition de pyrales résistantes à la toxine Bt, effets sur les populations d'insectes et sur les bactéries du sol) et de suivi de la consommation par les animaux du maïs ainsi produit (évolution de la flore digestive en particulier en ce qui concerne le caractère de résistance à l'antibiotique ampicilline). Un comité de biovigilance a été mis en place à cet effet dès mars 1998. Il réunit des experts scientifiques et des représentants de la société civile.

2. Sont autorisés seulement à l'importation en vue de leur transformation industrielle :

– le soja Roundup Ready de la société Monsanto, tolérant à un herbicide ;

– le maïs BT-11 de la société Novartis, tolérant à la pyrale et à un herbicide.

La culture à des fins commerciales de ce soja et de ce maïs n'est donc pas autorisée en Europe.

3. Sont autorisées pour la culture et la commercialisation des semences :

Deux variétés hybrides de chicorée, obtenues à partir de lignées mâles stériles et tolérantes à un herbicide, mises au point par Bejo-Zaden (le légume n'est pas autorisé pour l'alimentation).

4. Sont autorisés pour la production et la commercialisation de fleurs coupées :

Des œillets à coloration modifiée ou présentant une tenue en vase prolongée mis au point par la société Florigène.

Concernant les colzas génétiquement modifiés, la mise sur le marché de produits consistant en des semences provenant des lignées MS1 RF1 ainsi que de produits consistant en des grains issus de la lignée Topas 19/2 est suspendue depuis novembre 1998 dans le cadre du moratoire colza.

AUTORISATIONS POUR LA FILIÈRE DE L'ALIMENTATION HUMAINE

Le maïs doux Bt11

Les ingrédients dérivés des maïs Bt176, Bt11, T25, Mon810 et Mon809

Les huiles obtenues à partir des colzas :

– Topas 19/2 ;
– GT73 ;
– Liberator L62 ;
– Falcon GS 40/90 ;
– MS1, RF1 et leurs hybrides ;
– MS1, RF2 et leurs hybrides ;
– MS8, RF3 et leurs hybrides.

Les huiles obtenues à partir des cotons :

– Lignée 531 ;
– Lignée 1445.

AUTORISATIONS POUR LA FILIÈRE DE L'ALIMENTATION ANIMALE

Le soja Roundup Ready, les maïs T25, Mon810, Bt11 et Bt176 ainsi que les produits dérivés du colza Topas 19/2 sont autorisés en alimentation animale.

Autorisations d'OGM en France.
Source : http://www.finances.gouv.fr/ogm/

Cet état de fait a d'ailleurs été judicieusement rappelé dans un article du *Figaro* en octobre 2004[46], qui tentait d'expliquer aux lecteurs que, pour éviter les fauchages des «anti OGM», des agriculteurs volontaires et des multinationales menaient en France des essais de plantes transgéniques dans le plus grand secret. En cultivant justement les variétés Bt-176 et MON810, libres à la vente, sur une surface avouée de vingt-cinq hectares. Un article identique, dans l'édition du 14 octobre du journal *Sud-Ouest*, indique même pour 2005 l'objectif de cent hectares d'OGM ensemencés dans ces conditions en France[47].

Il est évident que de telles pratiques constituent bien un risque imminent de voir les OGM se développer n'importe où, et contaminer les productions non OGM, dont la sauvegarde dépend maintenant de la mobilisation des maires.

Cet argument, intégré à de nouveaux modèles d'arrêtés et de mémoires en défense, pourrait changer radicalement l'analyse des juges administratifs.

2. La pollution par les pesticides : un risque sanitaire réel, renforcé par la présence d'OGM

Pour démontrer l'existence d'un risque *sanitaire* imminent lié à l'utilisation d'OGM, inutile de s'aventurer dans le commentaire de bon nombre d'études scientifiques sur

---

46. *Le Figaro*, 16 octobre 2004, «Le champ de maïs secret de Joël X».
47. *Sud-Ouest*, 14 octobre 2004, «Sur la piste cachée des OGM».

leurs dangers supposés, tels les allergies ou la production inattendu de toxines. Non, il est bien plus efficace de faire référence aux résultats des travaux de Charles M. Benbrook qui démontrent l'augmentation des pesticides utilisés sur les cultures transgéniques, à partir des données du ministère de l'Agriculture des États-Unis[48].

La dangerosité pour la santé humaine de l'absorption de glyphosate, la matière active du Round-Up, et d'un de ses produits de dégradation, l'AMPA, est aujourd'hui prouvée. Une étude de 2002 menée par le CNRS et publiée par la revue américaine *Chemical Research in Toxicology* affirme que le Roundup provoque une anomalie sur un régulateur de la division cellulaire dont la défaillance est à l'origine de cancers chez l'homme.

Ces résultats font dire au professeur Robert Bellé, du CNRS : «Nous nous sommes intéressés au glyphosate [...]. Mais nous nous ne nous attendions pas à trouver un effet de ce composant *a priori* connu et considéré comme relativement anodin [...]. C'est un facteur de risque certain de cancer.»

Le principal problème émergent auquel sont confrontés les syndicats de production d'eau potable est bien la présence de ces molécules, extrêmement toxiques et difficiles à traiter. En 1998, le rapport du CORPEP[49] a relevé une pollution «préoccupante» des eaux de surface bretonnes par le glyphosate : 90,6 % des prélèvements sont contaminés et présentent une

48. Voir *infra*, pp. 30-31.
49. Cellule d'orientation régionale pour la protection des eaux contre les pesticides, instance du Conseil régional de Bretagne.

concentration maximale, jusqu'à trente-quatre fois la norme. Depuis, ce sont des taux jusqu'à deux cents fois la norme de potabilité qui sont pointés par les rapports officiels. Comme le souligne le docteur Lylian Le Goff : «Le Roundup biodégradable est une imposture!» Monsanto est d'ailleurs en procès pour publicité mensongère à propos de la mention de biodégradabilité apposée sur leur produit phare.

Le glufosinate d'ammonium, autre herbicide pour lequel ont été développées des plantes transgéniques tolérantes, est tout aussi dangereux pour l'homme. Sa molécule active, la L-phosphinothricine, est toxique pour les systèmes neurologique, respiratoire, gastro-intestinal, hématologique et entraîne des malformations à la naissance chez les humains et les mammifères[50]. C'est ce produit qui est répandu sur les variétés de maïs Bt176 inscrites au catalogue officiel en France.

Quant à la seconde propriété vantée des plantes transgéniques, la production d'insecticide, elle relève d'une mystification identique. Les agriculteurs qui sèment des maïs insecticides sont incités à cultiver à proximité des OGM des zones «refuges» plantées de maïs conventionnel, afin d'y attirer les pyrales : il s'agit avant tout d'éviter que ces prédateurs ne développent des résistances à la protéine Bt. Les fonctionnaires en charge de la réglementation en Amérique du Nord ont fixé le minimum de plantes non Bt pour la parcelle

---

50. A.M. Garcia, F. Benavides, T. Fletcher et E. Orts, «*Paternal Exposure to Pesticides and Congenital Malformations*», *Scandinavian Journal of Work, Environment and Health*, 1998, n°6, vol. 24, pp.473-480.

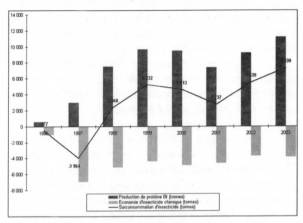

Estimation de la production de toxine Bt par le maïs transgénique
cultivé aux États-Unis. *Sources* : ISAAA (www.isaaa.org/kc/),
Charles M. Benbrook (*cf.* note 10, page 30).

refuge à 20 % du total de la surface cultivée. Et ces
zones refuges doivent être traitées par pulvérisations
chimiques ! Dans un document explicatif élaboré par
l'Agence de protection de l'environnement (EPA) et le
Département américain de l'agriculture (USDA), la
pulvérisation d'insecticides est explicitement recom-
mandée, non pas uniquement sur les zones refuges,
mais sur l'ensemble des cultures[51].

On constate donc que ces plantations ne suppriment
absolument pas le recours aux produits chimiques,

---

51. EPA and USDA Position Paper, «*EPA and USDA Position on
Resistance Management*», 1999, à l'adresse : http://www.mind
fully.org/GE/EPA-USDA-Position-27may99.htm

mais induisent simplement une légère baisse des quantités épandues, alors qu'en parallèle, ces variétés émettent constamment l'insecticide Bt.

Une simulation effectuée avec les données fournies par Monsanto pour le maïs MON810, se rapportant aux surfaces cultivées aux États-Unis, montre que, très rapidement, la quantité de toxine Bt produite par la plante dépasse l'économie «classique» des insecticides chimiques pulvérisés.

La surconsommation d'insecticides sur la période 1996-2003 peut alors être estimée à 16 300 tonnes. Ce mode de production vise bien à augmenter l'usage de pesticides, et non à le réduire comme on pourrait le penser de prime abord. Car même si la protéine Bt n'est pas de nature identique aux autres molécules pulvérisées sur les cultures, rien ne garantit l'innocuité de ce pesticide.

Pour calculer la quantité de toxine Bt produite par le maïs MON810

D'après les données fournies par Monsanto, la partie végétative du MON810 produit environ 4,15 microgrammes de protéine Bt par gramme de tissus frais, tandis que le grain produit 0,31 microgrammes par gramme.

Le rendement du maïs en France était en moyenne de 91 quintaux par hectare en 2002. (Il était de 66 quintaux en 1985 et progresse à présent en moyenne de 1,2 q/ha par an.) Des essais «performants» peuvent produire jusqu'à 200 quintaux par hectare, voire plus.

Les grains récoltés («secs», c'est-à-dire contenant 15% d'eau) représentent environ 50% de la matière sèche totale du pied de maïs. Donc 1 hectare de maïs mûr contient environ 91 quintaux de grains et 91 quintaux de tiges + feuilles + racines sèches.

Puisque 1 quintal = 100 000 grammes et que 0,31 µg = 0,00000031 grammes, la partie grains contient donc 9 100 000 x 0,00000031 = **2,8 grammes de protéine Bt par hectare**.

Pour calculer la masse de protéine insecticide présente dans la partie végétative, il faut d'abord évaluer la **quantité d'eau** présente dans les «tissus frais». La teneur en eau varie selon les organes de la plante, les espèces, le stade de développement… Les feuilles de maïs adulte contiennent environ 80% d'eau. Si on estime que ce pourcentage est valable pour l'ensemble feuilles + tiges + racines, les plants de maïs mûrs contiennent donc pour 1 hectare : 91 x 80 / 20 = 364 quintaux d'eau.

La masse totale de tissus frais est donc la somme de la masse sèche : 91 quintaux de tiges + feuilles + racines sèches et des 364 quintaux d'eau, soit 455 quintaux.

La production de toxine Bt dans la partie végétative sera donc de : (364+91) x 100 000 x 0,00000415 = **188,8 grammes par hectare**.

La production totale de toxine Bt est donc égale à 2,8 + 188,8 = 191,6 grammes/hectare.

Or, pour l'année 2002, Charles M. Benbrook estime que l'économie d'insecticides épandus sur les cultures de maïs Bt représente 78,555 grammes par hectare.

Un hectare de maïs générerait donc 191,6 – 78,5 = 113,1 grammes de toxine insecticide de plus qu'un hectare de maïs conventionnel.

Formulons l'hypothèse que la France cultive ce maïs transgénique. En 2002, la surface de maïs cultivée en France était de 3 193 000 hectares. Si les 29 % d'agriculteurs qui se disent prêts à semer des OGM en France avaient cultivé du maïs Bt MON810, la surface qui lui aurait été donnée aurait été de 925 970 hectares. La quantité d'insecticide supplémentaire générée par rapport à du maïs conventionnel aurait été de :

(925 970 x 113, 1) / 1 000 000 = 104,7 tonnes.

Toute utilisation de pesticide agricole en France est aujourd'hui encadrée par une réglementation rigoureuse. Le décret n° 74-682 du 1er août 1974 soumet l'autorisation de vente de chaque nouveau produit à un examen par le Comité d'homologation des produits antiparasitaires, qui doit en contrôler l'innocuité[52]. Il se trouve que la toxine Bt produite par les OGM diffère sensiblement de la protéine Bt homologuée pour une utilisation en pulvérisations chimiques. Malgré cela, elle n'a fait l'objet d'aucune procédure d'autorisation et n'a donc pas subi le moindre test toxicologique !

Or, les variétés de maïs commercialisées en France (issues du Bt176 et du MON810) sont conçues pour produire cette protéine insecticide. Le Bt176 est également tolérant à un herbicide et comprend, dans sa construction génétique, un gène de résistance à l'ampiciline, dont la consommation augmenterait l'inefficacité des antibiotiques chez l'homme. Cet OGM n'est

---

52. http://aida.ineris.fr/textes/decrets/text2077.htm

d'ailleurs plus autorisé pour cette raison en Espagne, pays qui l'a pendant des années cultivé sur plusieurs milliers d'hectares!

Il est tout à fait paradoxal que cette variété reste homologuée en France, alors que le ministère de la Santé s'est lancé en 2004 dans une grande campagne de sensibilisation en faveur d'une consommation «raisonnée» d'antibiotiques, intitulée «Les antibiotiques, c'est pas automatique».

Quant aux «essais» en plein champ autorisés par le ministère de l'Agriculture, ils représentaient en 2004 environ six hectares, si l'on exclut les plantations de peupliers et de café transgéniques pour ne prendre en compte que les plantes de grande culture. 90% des plantes cultivées sur cette surface étaient tolérantes à un herbicide, et 35% produisaient un insecticide. Seuls 5 135 m² étaient réservés pour d'autres applications.

Le tout premier risque sanitaire lié aux OGM, qui peut être avancé dans les mémoires en défense et au cours des audiences au tribunal administratif, se trouve certainement dans la production et l'absorption de pesticides, et paraît difficilement contestable par les services de l'État. Il s'agit sans doute de la dernière pièce du puzzle qui permettra à n'importe quel maire du territoire de s'opposer à une dissémination d'OGM dont la population ne veut pas, en prenant un arrêté municipal en toute légalité.

Il est évident que le succès juridique que représenterait une mobilisation massive des collectivités locales aurait un effet décisif sur les décisions du ministère de l'Agriculture et, de fil en aiguille, sur celles des commissaires européens.

Convaincre les mondes agricole et scientifique

Ces combats juridiques et institutionnels ne doivent pas faire oublier qu'il est indispensable de convaincre également les agriculteurs et les chercheurs du bien fondé de la lutte contre les OGM. Dans un sondage réalisé en janvier 2004[53], 66 % des agriculteurs ne se disent pas prêts à semer des OGM sur leur exploitation, même si les semences transgéniques étaient autorisées. Les premières raisons invoquées sont l'incertitude sur les risques que les OGM présentent (citée par 23 %), l'absence d'utilité (15 %), le caractère expérimental de ces cultures (14 %) et le manque d'informations sur les OGM (14 %). 78 % des éleveurs se prononcent contre l'utilisation des OGM.

Mais cette position reste fragile puisque, à la question « Demain, si les semences OGM étaient autorisées, seriez-vous prêt à en semer sur votre exploitation ? », encore 8 % répondent « oui, sûrement » et 21 % « oui,

---

53. Sondage « Les agriculteurs et l'environnement » réalisé par l'Institut « BVA Agri Filières & Environnement » auprès d'un échantillon représentatif de 402 agriculteurs ayant au moins de 35 hectares de surface agricole utile, en janvier 2004, pour le Syndicat national de la presse agricole et rurale (SNPAR). Voir http://www.lebulletin.com/informations/actualite/article.jsp?content=20040222_205052_4808

peut-être», ce qui représenterait un potentiel de 71 000 exploitations en France, soit une moyenne de deux fermes pour chaque commune du territoire!

D'autre part, le refus des plantes transgéniques se fonde essentiellement sur le risque d'impacts directs des OGM sur la santé humaine. Il est frappant de voir que la dépendance des paysans au travers des brevets sur le vivant n'apparaît que pour 5% dans les raisons invoquées.

Il reste donc encore énormément de travail à réaliser pour mettre en évidence les enjeux financiers cachés derrière les OGM et expliciter le mécanisme des contrats de licence, comme celui de Monsanto sur le colza Roundup Ready, autorisés par le brevetage des semences génétiquement modifiées.

En ce qui concerne la communauté scientifique, il est important de faire entendre que la lutte contre la dissémination des OGM en plein champ n'est pas une lutte contre les chercheurs, bien au contraire. Elle va de pair avec la défense d'un véritable service public de la recherche, indépendant des pouvoirs financiers, qui soit capable de développer une vraie politique d'évaluation de ses propres activités et de celles du secteur privé. En matière de *transgénèse*, nous ne réclamons pas moins de recherche, mais bien une recherche différente, transparente, menée en dialogue permanent avec la société. Pour ce qui est des OGM, ils nous paraissent dangereux par nature, dans un contexte où le brevetage du vivant est de plus en plus encouragé par les législations, et où le poids de l'industrie et de la finance ne fait que croître.

La baisse du budget affecté à la recherche française en 2004 ne signifie pas que ce secteur arrêtera de travailler, mais qu'il ira chercher dans le privé les crédits que l'État lui refuse. Ce qui rendra inévitablement la communauté scientifique encore un peu plus dépendante des multinationales.

Après des années d'hypocrisie, il paraît plus urgent que jamais de mettre enfin en place un véritable débat public qui permette de confronter les points de vue des agriculteurs, des scientifiques, des élus et des consommateurs sur cette question des cultures et des produits transgéniques. Les pouvoirs publics doivent, cette fois-ci, s'engager à écouter la réponse qui leur sera faite quant à l'acceptation ou non des OGM par la société et à la traduire par des mesures appropriées.

Oui aux OGM…
de quatrième génération !

Malgré toutes les promesses des lobbies pro-OGM, force est de constater qu'après presque dix années de mise en culture, on ne trouve encore dans les champs que des OGM de «première génération», qui sont des prototypes peu fiables, contenant des gènes marqueurs de résistance aux antibiotiques, dont l'unique caractéristique est de produire ou de pouvoir absorber des pesticides.

Les OGM de seconde et de troisième génération, qui devaient permettre une véritable amélioration qualitative des végétaux ou de leurs produits dérivés, en sont toujours au stade expérimental, et ne franchiront sans doute jamais cette étape, faute d'être suffisamment rentables pour leurs promoteurs.

Alors, pour prendre à contre-pied ce discours qui tente de justifier la supercherie des plantes transgéniques en promettant toujours mieux pour demain, pourquoi ne pas se mobiliser dès à présent pour des OGM de quatrième génération : des constructions génétiques non brevetables, développées et évaluées par une recherche publique indépendante, dont l'innocuité serait garantie et l'utilité pour les populations démontrée ?

Et qui, bien sûr, seraient produits en milieu strictement confiné.

Nous devons souhaiter de tout cœur que ce type d'OGM puisse voir le jour, car cela signifierait que notre société aurait entre-temps réussi à échapper à l'emprise néolibérale qu'elle subit depuis plus de vingt ans.

Annexes

Annexe 1

Modèle d'arrêté municipal
et de mémoire en défense

Avertissement

Ce modèle date de janvier 2005 et prend en compte les jugements les plus récents des tribunaux administratifs.

Il donne une trame solide pour les maires qui souhaitent s'opposer aux OGM, mais doit impérativement être adapté au contexte de la commune pour avoir une chance d'être accepté.

Il est vivement conseillé de s'adresser à un collectif OGM ou à un avocat compétent pour obtenir l'aide nécessaire à la rédaction d'arrêtés fiables.

COMMUNE de... ;

ARRÊTÉ MUNICIPAL du.......................................

Monsieur le maire de la commune de.....................

Vu le Code de l'Environnement et notamment son article L 110-1-II-1°;

Vu le Code général des Collectivités Territoriales et plus particulièrement les articles L 2212-1 et L 2212-2-5° qui chargent le maire de prévenir, par des précautions convenables, les pollutions de toute nature ;

Vu l'Arrêté du 4 février 1997 paru au Journal officiel de la République française n° 30 du 5 février 1997 page 1949 ;

Vu l'Arrêté du 3 août 1998 paru au Journal officiel de la République française n° 179 du 5 août 1998 page 11985 ;

Considérant les recommandations du rapport des sages à la suite du débat sur les OGM et les essais en plein champ (mars 2002) et en particulier l'alinéa 4.1.4 *« renforcer les prérogatives des maires »* et l'alinéa 4.3 qui affirme que *« l'expérimentation au champ induit nécessairement une dissémination vers les cultures traditionnelles »*

Considérant l'avis défavorable du Bureau pour la politique scientifique et technologique de la Maison Blanche (USA) selon lequel « *il devient de plus en plus difficile d'éviter une contamination des cultures commerciales en raison des risques de pollution génétique résultant de la pollinisation croisée entre les cultures conventionnelles et les plantes transgéniques expérimentales cultivées sur des parcelles à ciel ouvert*», (avis publié dans le registre fédéral, 2 août 2002, volume 67, nombre 149, 50577 – 50580) ;

Considérant la directive 2001/18 du 12 mars 2001, en cours de transposition en droit français, concernant la dissémination volontaire d'OGM ;

Considérant l'inscription au Catalogue Officiel des espèces et des variétés de plantes cultivées en France de 9 variétés obtenues à partir du maïs Bt-176 et de 6 variétés obtenues à partir du maïs MON 810 ;

Considérant la présence sur le territoire de la commune de…….. exploitations agricoles, dont…. en conventionnel,……. en production labellisée, notamment ……... en production biologique,…….. en production apicole, et de nombreux jardins familiaux ;

Éventuellement :

En raison de la demande formulée par M…………., agrobiologiste[1], sur la ferme de…………. située sur ma commune, de prendre toutes mesures de protection afin que son exploitation ne soit en aucun cas contaminée par des OGM ce qui occasionnerait la faillite de son exploitation de la même manière à ce qui vient d'arriver à 950 paysans bio canadiens de l'État du Saskatchewan.

---

1. Ou titulaire d'un label de qualité dont le cahier des charges exclue la présence d'OGM.
Il est important dans ce cas d'obtenir les informations les plus détaillées possibles sur ces cahiers des charges.

Considérant la nécessité impérative de maintenir localement les conditions environnementales pour que perdure cette agriculture de qualité;

Considérant, dans les circonstances économiques actuelles, la nécessité de préserver, pour les agriculteurs dits «conventionnels» les conditions favorables à une évolution entre autre vers des productions de qualité, notamment labellisées ou bio;

Considérant que la plantation en plein champ d'organismes génétiquement modifiés porte des risques de pollution génétique qui mettent en cause les cultures traditionnelles mais aussi labellisées et surtout biologiques dans lesquelles la présence d'OGM est interdite;

ARRÊTÉ

Article un :
La culture en plein champ de variétés de maïs issues des événements de transformation Bt176 et MON810 est interdite pour un an sur le territoire communal.

REMARQUE : Si l'ensemble de la production de maïs sur la commune suit un cahier des charges «sans OGM» (comme, par exemple, le maïs «classe A» dans le grand Sud-Ouest), l'interdiction peut porter sur l'ensemble du territoire de la commune. Dans le cas contraire, l'interdiction doit préciser les parcelles à protéger (en agriculture biologique ou labellisée «sans OGM»), ainsi qu'un périmètre de protection généralement fixé à 3 kilomètres.

Article deux :
(Attention : intégrer cet article uniquement en cas de présence avérée d'essais en plein champ sur la commune).
Les essais en plein champ de plantes transgéniques sont interdits pour un an sur le territoire communal.

Article trois :

Le maire de la commune, tout officier et agent de police judiciaire et tout agent visé à l'article 15 du Code de procédure pénale sont chargés, chacun en ce qui les concerne, de l'exécution du présent arrêté.

Éléments pour la rédaction de mémoires en défense dans le cas de déférés préfectoraux contre des arrêtés municipaux OGM

1. Sur la prétendue incompétence du maire

Les préfets prétendent en premier lieu que les arrêtés OGM seraient entachés d'incompétence.

Ils affirment, en effet, que la réglementation relative à la dissémination des organismes génétiquement modifiés constitue une police spéciale relevant de la compétence exclusive des ministres de l'Agriculture et de l'Environnement.

Si les préfets admettent que l'existence d'une police spéciale n'a pas, en principe, pour effet de priver totalement le maire d'une commune de l'exercice de ses pouvoirs de police générale, ils prétendent toutefois que dans le domaine de l'environnement, l'autorité municipale ne serait compétente « *qu'en cas de péril imminent* ».

Les préfets assimilent ainsi la police spéciale des OGM à celle des installations classées pour la protection de l'environnement et considèrent que les dispositions d'expertise avant autorisation et d'information du public sont suffisantes pour qu'il ne soit pas considéré que la dissémination d'OGM constitue un péril imminent.

Or, ce raisonnement ne tient pas pour plusieurs raisons.

Rappelons tout d'abord que la production d'OGM en France peut se répartir en trois grandes catégories :

– Les essais de dissémination volontaire. L'article L.533-2 du code de l'Environnement définit la notion de dissémination volontaire comme « *toute introduction intentionnelle dans l'environnement, à des fins de recherches, ou de développement ou à toute autre fin que la mise sur le marché, d'un organisme génétiquement modifié ou d'une combinaison d'organismes génétiquement modifiés* » ;

– Les cultures à vocation commerciale conduites en milieu ouvert. Le décret n° 81-605 du 18 mai 1981 fixe les conditions d'instruction des dossiers d'homologation des semences visant une inscription au *Catalogue Officiel des espèces et des variétés de plantes cultivées en France* ;

– La production d'OGM en milieu strictement confiné, dans un but commercial ou à des fins de recherche ;

Soulignons avant tout que seules les deux premières catégories sont visées par l'arrêté querellé.

1.1 la police spéciale des OGM ne permet pas de garantir l'absence de péril imminent en matière de contaminations

La réglementation nationale applicable à l'heure actuelle en matière de dissémination volontaire d'organismes génétiquement modifiés figure principalement aux articles L.533-1 et suivants du code de l'Environnement.

Tout d'abord, notons qu'aucune des décisions ministérielles d'autorisation de dissémination volontaire de plantes génétiquement modifiées ne comporte la moindre prescription destinée à protéger, en fonction des caractéristiques locales, les sites de dissémination.

Par exemple, les huit décisions ministérielles du 1er juin 2004 ignorent totalement la sensibilité des cultures biologiques, labellisées ou l'existence de filières dites conventionnelles excluant la présence d'OGM dans les récoltes.

Il est simplement indiqué, dans ces décisions, au titre des mesures de prévention que « *les essais seront conduits en respectant un isolement des parcelles expérimentales de culture de 400 m par rapport à toute autre culture commerciale*».

Or, ces dispositions élémentaires ne sont même pas scrupuleusement respectées puisque, courant 2004, une parcelle autorisée au titre de la dissémination volontaire, implantée dans le Lot-et-Garonne, a dû être détruite par les pouvoirs publics. Elle ne respectait pas en effet ces contraintes réglementaires d'isolement.

D'autre part, les préfets invoquent régulièrement le fait que, si un grain de pollen de chacune des espèces autorisées peut parcourir de longues distances, les chances de succès dans la reproduction de ce grain de pollen sont extrêmement faibles, et que les conséquences de ce mouvement pollinique peuvent donc être considérées comme insignifiantes et, d'une manière générale, non détectables.

Mais l'agriculture biologique en particulier, et certains labels en fonction de leur cahier des charges ne peuvent se satisfaire d'une absence de détection « *d'une manière générale*». Une seule détection peut dans ce cas leur causer d'énormes préjudices économiques : perte de label, perte de confiance de la clientèle, etc.

Qui plus est, cet argumentaire ne prend en compte que les contaminations par le vent.

D'autres vecteurs existent, en particulier la dispersion accidentelle de grains, le butinage des abeilles ou les bactéries du sol (cf. pièce I) et aucune mesure dans les dispositions réglementaires ne vise à les éviter.

L'examen des faits, dans les pays qui autorisent les OGM depuis plusieurs années, montre au contraire que cette contamination se produit de façon rapide.

En ce qui concerne la culture à vocation commerciale d'OGM, la situation est encore plus critique, puisque aucune mesure réglementaire d'isolement dans le but de prévenir les contaminations ne s'applique.

Rappelons que la France accuse un retard particulièrement important dans la transposition des textes communautaires.

Par un arrêt de la Cour de Justice des Communautés Européennes du 20 novembre 2003, la République française a d'ailleurs été condamnée pour avoir manqué à ses obligations en ne transposant pas les articles 5, points 1 à 4, 11, paragraphes 1 à 3 et 19, paragraphes 2 et 3, de la directive 90/220/CE du Conseil du 23 avril 1990 relative à la dissémination volontaire d'organismes génétiquement modifiés dans l'environnement, telle que modifiée par la directive 97/35/CE de la Commission du 18 juin 1997 portant deuxième adaptation au progrès technique de la directive 90/220/CE (CJCE 20 novembre 2003, Affaire n° C-296/01).

En outre, la Commission Européenne a décidé de déférer la France pour n'avoir pas adopté et notifié la législation nationale mettant en œuvre la directive 2001/18/CE du 12 mars 2001 relative à la dissémination volontaire d'OGM dans l'environnement (Bruxelles 15 juillet 2003, IP/O3/1 007).

En l'occurrence, il n'existe à ce jour aucune mesure visant à assurer la coexistence d'une filière OGM avec la filière non OGM.

De la même manière, aucun régime de responsabilité n'est défini en cas de contamination génétique, alors que les assurances privées refusent fermement de couvrir ce risque.

Si nous avons démontré plus haut que les mesures imposées dans le cas de disséminations volontaires pour protéger les plantations non OGM sont largement insuffisantes, elles restent à ce jour totalement inexistantes en ce qui concerne les cultures à vocation commerciale.

1.2 il existe bien un péril imminent de voir les OGM se répandre sur chaque commune du territoire

Dans leur raisonnement, les préfets semblent ne prendre en compte que la dissémination volontaire d'OGM, qui est organisée par les articles L 533-2 et suivants du code de l'environnement et les textes pris pour leur application, pris pour transposition de la directive 90/220/CEE du Conseil du 23 avril 1990 (abrogée et remplacée par la directive 2001/18/CE du Conseil du 12 mars 2001).

Dans ce cas, en application de l'article L 125-3 du code de l'environnement, l'article 2 du décret n° 93-1177 du 18 octobre 1993 pris pour l'application s'agissant de plantes, semences et plants, du titre III de la loi du 13 juillet 1992 précise que la demande de dissémination volontaire à toute fin autre que la mise sur le marché de plantes, semences et plants génétiquement modifiés est accompagnée d'un dossier technique comportant une fiche d'information destinée au public (FIP).

Le maire et la population (donc, les autres agriculteurs de la commune) sont alors théoriquement informés de la présence d'OGM sur le territoire.

Or, d'une part, ces dispositions ne sont pas, elles non plus, respectées systématiquement.

Pour l'année 2004, les 5 parcelles d'essais de maïs OGM cultivées à Valdivienne (86) étaient présentes en toute illégalité, puisque le maire de la commune n'avait toujours pas reçu ces informations en date du 12 juillet, alors que la dissémination volontaire avait débuté depuis plusieurs semaines.

Mais surtout, les préfets se gardent bien de préciser que deux arrêtés ministériels (Arrêté du 4 février 1997 paru au Journal officiel de la République française n° 30 du 5 février 1997 page 1949; Arrêté du 3 août 1998 paru au Journal officiel de la République française n° 179 du 5 août 1998 page 11985) ont autorisé la mise en culture à vocation commerciale de variétés de maïs transgéniques issus des événements de transformation Bt176 et MON810.

Ces autorisations ont été suivies de l'inscription au *Catalogue Officiel des espèces et des variétés de plantes cultivées en France* de 9 variétés obtenues à partir du maïs Bt-176 et de 6 variétés obtenues à partir du maïs MON 810. La liste de ces variétés est détaillée ci-dessous.

Espèce Maïs

Événement Mon 810
– Bolsa Pioneer Hi-Bred International Inc
– DK 513 Dekalb Genetics Corporation
– Elgina Pioneer Hi-Bred International Inc
– Lévina Pioneer Hi-Bred International Inc
– Novelis Coop de Pau SCA
– Olimpica Pioneer Hi-Bred International Inc

Événement BT 176
– Benji Syngenta Seeds SAS
– César CB Syngenta Seeds SAS
– Furio CB Syngenta Seeds SAS
– Garonna Syngenta Seeds SAS
– Navares Syngenta Seeds SAS
– Occitan CB Syngenta Seeds SAS
– Odyssée Syngenta Seeds SAS
– Pactol CB Syngenta Seeds SAS
– Seven Syngenta Seeds SAS

Ceci implique donc que tout agriculteur peut librement acheter, semer et cultiver ces variétés sans en informer le maire de la commune, et encore moins la population ou les autres agriculteurs.

Il est alors évident qu'il existe un risque imminent de dissémination d'OGM dans n'importe quelle commune du territoire, sans qu'il soit possible d'en connaître la localisation, et donc de mettre en œuvre des mesures particulières de protection des contaminations en cas de besoin.

Ce risque bien réel a d'ailleurs été réaffirmé par des promoteurs d'OGM eux-mêmes, dans deux articles de presse, l'un annonçant même un objectif de 100 hectares disséminés pour l'année 2005.

Surtout, cette utilisation des OGM peut s'amplifier d'un jour à l'autre.
D'après le sondage «Les agriculteurs et l'environnement» réalisé par l'Institut «BVA Agri Filières & Environnement» en janvier 2004 auprès d'un échantillon représentatif de 402 agriculteurs ayant au moins 35 hectares de surface agricole utile, 29% des agriculteurs français seraient prêts à utiliser des OGM. À la question *« si les semences OGM étaient autorisées, seriez-vous prêt à en semer sur votre exploitation ?»*, 8% répondent *«oui, sûrement»* et 21% *«oui, peut-être»*, ce qui représenterait un potentiel de 71 000 exploitations en France, soit une moyenne de deux exploitations par commune.

1.3 il existe alors un péril imminent pour l'agriculture non transgénique sur tout le territoire

Nous avons démontré, sans contestation possible, au point précédent qu'il existe un risque imminent sur tout le territoire français de voir des OGM disséminés en milieu ouvert.
Or, ce péril justifie bien à lui seul la compétence du maire pour prendre un arrêté OGM, d'après ce qui a été jugé par le Tribunal Administratif de Limoges dans un jugement rendu le 27 mars 2003 (Préfet de l'Indre c/ Commune de Coings, Req. n° 011060-011457).
Le Tribunal a en effet considéré :

« *Qu'en vertu des articles L.2212-1 et L.2212-2 du Code Général des Collectivités Territoriales, le Maire est chargé de la police municipale et peut à cet effet prendre des mesures de police plus rigoureuses que la réglementation nationale ; que par suite, si en application des dispositions combinées des articles L.533-2 et L.533-3 du Code de l'Environnement et de l'article 2 du décret du 20 septembre 1996 sus visé la dissémination volontaire de produits composés d'organismes génétiquement modifiés est soumise à autorisation préalable du Ministre chargé de l'environnement, le Maire de la Commune de Coings était compétent pour interdire, au titre de ses pouvoirs de police municipale, la culture de plantes génétiquement modifiées sur le territoire de sa Commune* ».

Il ajoutait cependant que « *la légalité d'une mesure de police est subordonnée à la double condition qu'elle soit justifiée par l'existence de risques particuliers dans les secteurs pour lesquels elle est édictée et qu'elle soit adaptée par son contenu à l'objectif de protection pris en compte* », pour conclure à l'illégalité de la mesure prise par le maire de Coings.

En effet, la commune de Coings n'avait tout simplement pas signalé que quinze variétés OGM étaient autorisées à la culture en France depuis plusieurs années.

Cet élément, associé à l'existence d'un péril imminent de contaminations génétiques en cas de culture OGM et à l'insuffisance des dispositions prises par le Ministère de l'Agriculture pour y remédier, démontrés au point 1.1, ne laisse dès lors planer aucun doute sur le fait qu'un maire est bien compétent pour prendre un arrêté interdisant les OGM.

2. Sur la prétendue erreur d'appréciation

Les préfets affirment que les mesures prises par le maire ne seraient ni adaptées, ni proportionnées, ni même simplement nécessaires.

Ceci est faux.

Nous avons démontré tout d'abord au point 1 les insuffisances des procédures d'autorisation et des mesures d'isolement imposées (pour les essais de dissémination volontaire uniquement) par l'actuelle réglementation, et donc la nécessité de mettre en œuvre des mesures complémentaires en fonction des circonstances locales.

Il semble évident dès lors que le maire de la commune est bien le mieux placé pour connaître ces circonstances et édicter les mesures appropriées.

De plus, le maire a pris soin de limiter sa mesure de police dans le temps, celle-ci étant fixée à un an. Il est clair que dans l'éventualité d'une adaptation future des dispositions imposées dans le cadre de la dissémination volontaire d'OGM permettant de lever les problèmes soulevés au point 1, et de la mise en place d'un encadrement satisfaisant de la culture à vocation commerciale d'OGM, la mesure de police n'aurait plus lieu d'être reconduite.

Ensuite, l'arrêté se limite à interdire la culture des variétés inscrites au catalogue officiel en France ainsi que les essais de dissémination, et n'édicte pas de mesure d'opposition de principe aux OGM.

En particulier, cette mesure ne s'applique bien qu'aux cultures et essais en plein champ, dans le but d'éviter toute contamination, mais ne s'oppose pas à une recherche en milieu confiné.

Il ne s'agit donc, en aucune manière, d'une interdiction générale et absolue. Bien au contraire, la mesure édictée par le Maire est strictement proportionnée aux risques qu'elle entend circonscrire : la contamination de l'agriculture non OGM.

En conséquence, les préfets ne sont absolument pas fondés à prétendre que la mesure de police générale du maire ne serait ni adaptée, ni proportionnée, ni nécessaire.

Annexe 2

Les propositions d'Attac

– Interdire les importations d'OGM agricoles en France en ayant recours au Protocole de Carthagène.

– Interdire les expérimentations d'OGM en plein champ.

– Interdire les cultures actuelles d'OGM.

– Mettre en place une réglementation rigoureuse sur l'étiquetage des produits contenant des OGM.

– Soutenir le boycott des produits contenant des OGM.

– Accroître l'effort de recherche pour comprendre le monde du vivant.

– Considérer les résultats des recherches comme des biens communs inaliénables de l'humanité.

– Se retirer de l'AGCS de l'OMC et développer une recherche plurielle, multidisciplinaire et indépendante, en particulier par rapport aux intérêts des multinationales.

– En finir avec la prétendue neutralité scientifique et créer un dialogue permanent entre les chercheurs et la société afin de décider les objectifs et priorités des recherches.

– Interdire tout brevet sur le vivant : se retirer de l'Accord sur les droits de propriété intellectuelle liés au commerce (ADPIC) de l'OMC et faire abroger la directive européenne 98/44.

– S'inspirer du régime de propriété intellectuelle « copyleft » pour garantir une juste rémunération de tous les acteurs économiques.

– Revoir les protocoles d'évaluation des risques, dont certains datent des années 1970 ; évaluer le niveau de risque acceptable en fonction de l'intérêt général avant l'usage d'une nouvelle technologie.

– Ne plus restreindre ces évaluations aux seuls critères scientifiques ou financiers : le principe de précaution doit être appliqué, le Protocole de Carthagène doit primer sur l'OMC pour préserver l'environnement, les générations futures et les autres activités humaines.

– Garantir l'absence de toute augmentation des coûts pour le producteur et le consommateur qui refusent les OGM

– Garantir l'accès à des produits sans traces d'OGM, et dont aucun ingrédient n'est issu d'OGM ; dénoncer l'accord commercial avec les États-Unis qui empêche l'Europe de produire une alimentation sans OGM pour son bétail.

– Rompre avec les pratiques de l'agriculture productiviste et de la grande distribution

– Développer de nouvelles pratiques agricoles pour faire accéder les populations les plus pauvres à l'autonomie alimentaire et préserver la biodiversité.

– Étendre la responsabilité civile à l'ensemble de l'environnement et permettre aux victimes de demander réparation à l'auteur du dommage causé par des OGM.

– Faire participer les citoyens aux prises de décision, au contrôle de leur mise en œuvre et à leur évaluation. Il est possible de s'inspirer des conférences de citoyens telles que pratiquées au Danemark. Elles ont démontré la capacité des « profanes » à s'approprier un dossier complexe pour donner un avis digne des assemblées politiques ou scientifiques.

Tant que toutes ces conditions ne seront pas remplies et que la charge de la preuve de l'innocuité et de l'utilité sociale n'incombera pas à celui qui veut introduire une nouvelle technologie, le moratoire ne doit pas être levé et les OGM doivent rester en milieu confiné.

Prises de position d'Attac sur la question des OGM

**Sur le site http://www.france.attac.org/r29,
on peut trouver**

Quand l'Académie des sciences vole au secours des industriels et de l'administration Bush

Un rapport déjà écrit avant d'être commandé.

L'impossible coexistence avec les OGM

Les derniers travaux scientifiques sur les risques de pollutions transgéniques sont alarmants.

Bureau d'Attac France, Paris, le 25 septembre 2004.

Les OGM en prison, pas les militants

Un collectif de citoyens se mobilise et demande aux pouvoirs publics de prendre ses responsabilités.

Saint-Quentin-sur-Coole (Marne), le 16 janvier 2003.

OGM : la nostalgie de la cohabitation

Deux ministres du gouvernement Raffarin et un député socia-
liste font, au même moment, des déclarations de soutien au lobby
pro-OGM.

Le Protocole de Carthagène sur la prévention des risques biotechnologiques permet à un pays d'interdire l'importation d'OGM

Offensive du lobby pro-OGM

Les entreprises agro-semencières productrices d'organismes
génétiquement modifiés (OGM) tentent, en France, de les imposer
en force à travers une pétition qui vient d'être rendue publique à
Paris le 18 septembre.

Journée du 8 mai : les organisateurs lancent un appel en faveur de régions «sans OGM»

Paris, le 4 mai – À l'occasion de la Journée nationale d'opposition
aux OGM, organisée le 8 mai dans une douzaine de régions fran-
çaises.

Le samedi 8 mai, Attac, la Confédération paysanne et Greenpeace organisent sur tout le territoire français une journée de sensibilisation sur les risques liés aux OGM.

Non à la levée du moratoire sur les importations d'OGM en Europe

Le 20 juillet 2004.

OGM : après les premières avancées, renforcer l'action sur tous les fronts
Attac, Paris, 10 novembre 2004.

AUTRES DOCUMENTS

Alerte sur la levée du moratoire européen sur les OGM et lancement de la campagne d'informations OGM.
Exposé introductif de Jacques Nikonoff, président d'Attac.
http://www.france.attac.org/a1699

« Contrôle sur le vivant, contrôle sur les vivants »
Supplément de six pages à *Lignes d'Attac* n° 34, février-mars 2004.
http://.france.attac.org/a2539

Dépendance des paysans, dépendance des populations
http://www.france.attac.org/a2702
Attac, 1er juin 2004

Mission d'information sur les enjeux des essais et de l'utilisation des organismes génétiquement modifiés, 25 janvier 2005.
Communication de Dominique Mourlane, coordinateur de la Commission OGM d'Attac.
http://www.france.attac.org/a3861

Contacts des collectifs OGM en France

09 – Collectif OGM Danger Ariège
BP 5
09240 La Bastide de Serou
+33 (0) 5 61 66 74 34 ou (0) 5 61 02 14 31

13 – CHAOS Bt.
edocal@wanadoo.fr
tél : +33 (0) 4 67 78 68 73

14 – Collectif Calvados
Erwann Riou, Confédération paysanne
calvados@confederationpaysanne.fr
Tél. : +33 (0) 2 31 83 64 51

21 – Collectif Actions citoyennes OGM 21
GAB 21
11 rue Becquerel – 21000 Dijon
Tél. 03 80 28 80 45

71 – Bourgogne : Collectif Terre sans OGM
C/o Marie Bixel
La Montagne
71320 – CHARBONNAT
Marie : 03 85 54 26 47
http://actionogm.free.fr/

26 – Collectif OGM Danger Drôme
6, rue des Clercs
26100 Romans sur Isère
jean-marie.chosson@wanadoo.fr

31 – Danger OGM 31
dangerogm31@abri.org

Coordination Vigilance OGM Poitou-Charentes
06 73 05 87 60
abernier@attac.org
http://www.vogm.sgdg.org/

33 – Collectif OGM Gironde
acsudgironde@free.fr

47 – Collectif de vigilance OGM Lot et Garonne
C/o Émile Mas
espergala@wanadoo.fr
tél : +33 (0) 5 53 87 29 78

50 – CIR OGM
Écrire à Mickael Marie : mikl-marie@wanadoo.fr
Tél. : +33 (0) 2 33 06 48 09

56 – Collectif stop OGM en Mayenne
C/o Christophe Bellec
CHRISTOPHE_BELLEC@moulinex.fr

• La coordination Vigilance OGM ne saurait porter un jugement sur d'éventuelles actions de neutralisation de parcelles transgéniques, considérant qu'il est de la responsabilité de chaque individu d'y prendre part ou non.

Pour sa part, la coordination Vigilance OGM situe clairement son action dans les limites de la légalité.

Contacts :
Aurélien Bernier
abernier@attac.org
06 73 05 87 60

Coordination Vigilance OGM Poitou-Charentes
L'Étournelière
86 480 Rouillé

www.vogm.sgdg.org

Annexe 6

La commission OGM d'Attac

La commission OGM d'Attac comptait soixante membres à la fin 2004, issus en grande partie de comités locaux.

Elle n'est pas une émanation du Conseil d'administration, même si elle s'y est rattachée lors de la création des commissions par cette instance. Elle est issue avant tout des comités locaux et, dans ce sens, colle au terrain et aux différentes évolutions de la société.

Les liens avec le Conseil scientifique, ainsi qu'avec le Conseil d'administration et le Bureau, sont bien inscrits dans son fonctionnement.

C'est la commission qui coûte le plus cher à Attac en raison de son soutien aux militants mis en examen dans les procès. Mais c'est aussi celle qui coûte le moins cher en frais de fonctionnement car ses membres sont généralement mandatés par leurs comités locaux, qui prennent en charge leurs déplacements.

Cette commission se réunit au moins quatre fois l'an en plénière et toujours en province. Des points d'informations sont programmés lors des rassemblements nationaux qui, eux, se déroulent souvent à Paris.

Les choix de la commission ont toujours été soumis au conseil d'administration qui les a approuvés. De même, il a été d'emblée décidé de mettre sur la liste de discussion des comités Attac (la liste « Local ») les comptes rendus de ses travaux, afin que le plus grand nombre en soit informé. La publication sur le site Internet d'Attac des comptes rendus de la commission est en cours de réalisation.

Le Bureau, puis le conseil d'administration, ont également validé le « 6 pages OGM » que la commission a mis à la disposition des adhérents, et qui a été largement salué pour la qualité de son contenu. Il est disponible sur notre site.

Les grandes lignes politiques d'Attac sur la question des OGM y figurent, utilement complétées par le compte rendu de la réunion de Hyères durant l'été 2004 qui fut largement diffusé.

La commission a combattu sur différents terrains, y compris celui de la résistance civique. Depuis un an, elle travaille sur la question des semences libres et leur diffusion auprès du public, qui reste à ce jour une action illégale.

La commission mène des actions avec les autres organisations au sein du CCC-OGM (Collectif français pour une conférence des citoyens sur les OGM). Elle participe à la veille juridique sur les OGM. Cette mutualisation des moyens a permis la réalisation en 2004 d'un livre intitulé *Société civile contre OGM* et la diffusion de fiches juridiques parues début 2005.

Pour contacter la commission OGM :
66/72 rue Marceau 93000 Montreuil
Téléphone : 01 41 58 17 40
http://france.attac.org/

d'Amuré – 79) ; Forum social alternatif angérien ; G10 – Solidaires Charente-Maritime ; FCPE Charente.

Une charte commune

L'apparition des OGM en France, dans l'alimentation et sous forme d'essais en milieu ouvert, suscite de nombreux débats au sein de l'opinion publique, du milieu agricole, de la communauté scientifique et de la classe politique.

La région Poitou-Charentes, qui «accueille» depuis plusieurs années des parcelles de maïs transgénique, est tout particulièrement concernée par ce sujet.

La coordination Vigilance OGM Poitou-Charentes vise à rassembler des organisations (associations, syndicats, organismes professionnels) et des citoyens autour de la question des organismes génétiquement modifiés, dans des perspectives d'information, de réflexion et d'action (réunions, débats publics, campagnes d'interpellations).

Les points qui suivent constituent le tronc commun qui fédère les membres de cette coordination. Ils représentent son positionnement propre, en tant que coordination, sans remettre en cause la diversité des sensibilités qui le composent et la nécessaire multiplicité des formes d'action.

Compte tenu des incertitudes scientifiques, des risques de contamination, et en application du principe de précaution, la coordination Vigilance OGM s'oppose dans les conditions actuelles à toute forme de culture de plantes transgéniques en milieu ouvert, quelle que soit leur vocation (agricole ou thérapeutique).

• La coordination Vigilance OGM ne serait pas hostile à l'utilisation d'OGM en milieu strictement confiné, dans le cadre d'une recherche transparente, intégrant une part conséquente d'évaluation de cette technologie et soumise à un contrôle citoyen.

• La coordination Vigilance OGM condamne fermement toute forme de brevetage du vivant, qu'il soit humain, animal ou végétal.

Annexe 5

La Coordination Vigilance
OGM Poitou-Charentes

La Coordination régionale Vigilance OGM Poitou-Charentes est une plateforme de lutte légale contre la dissémination des OGM.

Elle regroupe trois collectifs départementaux, soit 37 organisations, et deux personnes physiques (maires de communes opposées aux OGM) autour de sa charte fondatrice.

Les membres de la Coordination

Profession agricole et agroalimentaire (14) : Confédération paysanne 86 ; Confédération paysanne 17 ; Confédération paysanne 16 ; Confédération paysanne 79 ; Coordination rurale 86 ; Coordination rurale 16 ; Vienne AgroBio ; GAB 17 ; MAB 16 ; Biosèvres ; Biocoop Le Pois Tout Vert ; CORAB ; CIVAM Haut-Bocage (79) ; CIVAM Sud Deux-Sèvres.

Protection de l'environnement (11) : ACEVE (Association cantonale Vouillé environnement) ; Amis de la Terre Poitou ; ARDAN ; CAMP ; La chance de vivre à Sillars ; Greenpeace ; Sauve-Qui-Porc ; SOS Rivières ; Vienne Nature ; Deux-Sèvres Nature Environnement ; APIEEE.

Citoyens et consommateurs (12+2) : Attac Loudun ; Attac Montmorillon ; Attac Poitiers ; Attac Châtellerault ; Attac 16 ; Attac 17 ; Attac 79 ; UFC-Que Choisir de la Vienne ; UFC-Que Choisir 16 ; Georges Castiel (maire d'Ardin – 79) ; M. Guillet (maire

64 – collectif stop OGM Puyoo
En Béarn et Euskadi
stop-ogm-puyoo@wanadoo.fr
Tél : +33 (0) 5 59 04 74 55

69 – Collectif Mille Printemps sans OGM
Dominique Viannay : +33 (0) 4 78 44 18 68
Monique Yanou : +33 (0) 4 78 22 33 26

72 – Collectif stop OGM Sarthe
C/o Confédération paysanne
11, rue Leboindre
72000 Le Mans

À lire

Gilles-Éric Séralini, *OGM, le vrai débat*, Flammarion, collection «Dominos», Paris, 2000.

Jean-Pierre Berlan, Michael Hansen, Paul Lannoye, Suzanne Pons, Gilles-Éric Séralini, *La Guerre au vivant*, Agone, Marseille, 2001.

Confédération paysanne, *Changeons de politique agricole*, Mille et une nuits, Paris, 2002.

Collectif CCC-OGM, *Société civile contre OGM. Arguments pour ouvrir un débat public*, Yves Michel, Barret-sur-Méouge, 2004.

Lilian Ceballos et Guy Kastler, *OGM, sécurité, santé*, Nature & Progrès, Uzès, 2004.

Hervé Kempf, *La Guerre secrète des OGM*, Le Seuil, collection «L'histoire immédiate», Paris, 2003

Christian Babusiaux, *Plantes transgéniques : l'expérimentation est-elle acceptable?*, La Documentation française, Paris, 2003.
Cet ouvrage reprend les conclusions du rapport demandé par le gouvernement, le 14 novembre 2001, à quatre «sages» suite aux débats

sur les essais au champ : Christian Babusiaux, président du Conseil national de l'alimentation ; Jean-Yves Le Deaut, président de l'Office parlementaire de l'évaluation des choix technologiques et scientifiques ; Didier Sicard, président du Comité consultatif national d'éthique ; Jacques Testart, président de la Commission française du développement durable.

Claire Marris, Brian Wynne, Peter Simmons et Sue Weldon, *Résumé du rapport final du projet de recherche PABE « Perceptions publiques des biotechnologies agricoles en Europe », commandé par la Commission européenne,* étude menée de 1998 à 2000 au Royaume-Uni, en France, en Italie, en Allemagne et en Espagne. *Rapport intégral disponible sur http://www.pabe.net*

Bulletin d'adhésion

⊞ Passez à l'Attac!

❑ Adhésion ❑ Renouvellement, n° de carte :
Comité local :

Nom (en capitales) : ....
Prénom : ....
Homme ❑ Femme ❑ Date de naissance : ....
Profession : ....
Adresse *:* ....
....
....
Code postal : .... Ville : .... Pays : ....
Téléphone : .... Télécopie : ....
Adresse électronique : ....

J'adhère à l'association Attac et verse pour l'année civile 2004 la somme (pouvant comporter l'abonnement de 8 euros à *Lignes d'Attac*) de :

cochez le montant choisi.................................*Cotisation minimale*
(tranches de revenu mensuel) ....*avec* Lignes d'Attac
❑ de 0 à 900 € ....17 €
❑ de 900 à 1 600 € ....36 €
❑ de 1 600 à 2 300 € ....43 €
❑ de 2 300 à 3 000 € ....50 €
❑ au-delà de 3 000 € ....59 €

ou bien :

cochez le montant choisi   *Cotisation minimale*
(tranches de revenu mensuel) .... ***sans*** Lignes d'Attac

❏ de 0 à 900 € ....9 €
❏ de 900 à 1 600 € ....28 €
❏ de 1 600 à 2 300 € ....35 €
❏ de 2 300 à 3 000 € ....42 €
❏ au-delà de 3 000 € ....51 €

❏ Il m'est possible d'apporter un soutien complémentaire à l'association :

    ❏ je procède à un apport supplémentaire de...

    ❏ je demande un formulaire pour apport supplémentaire par prélèvement automatique mensuel de.........

J'effectue le règlement :
❏ par chèque bancaire ou postal
❏ par carte bancaire :
n°de carte : ....
date d'expiration : ....

signature

❏ Je souhaite que ces renseignements restent confidentiels et ne soient pas communiqués au comité d'Attac de ma ville, région ou pays.

À adresser par courrier à :
Attac-Service adhésions
60646 Chantilly cedex-France

Les informations recueillies sont nécessaires à votre adhésion. Elles font l'objet d'un traitement informatique et sont destinées au secrétariat de l'association. En application de l'article 34 de la loi du 6 janvier 1978, vous bénéficiez d'un droit d'accès et de rectification aux informations qui vous concernent. Si vous souhaitez exercer ce droit, veuillez vous adresser au siège d'Attac France.

Achevé d'imprimer en août 2005
par Liberduplex (Barcelone, Espagne).
N° d'édition : 61489
49.1826.01.4